江苏省教育厅2013年度高校哲学社会科学基金指导项目“高职人才培养质量与公民教育关系研究”（2013SJD880106）

引入公民教育的高职人才培养研究

荣 莉 胡利胜◎编著

西南交通大学出版社
·成都·

内容简介

本书从高等职业教育与公民教育关系出发，以历史与现实相结合的方式研究了职业教育和公民教育的相关问题，在分析我国公民现状、高职公民教育现状的基础上，探讨了在高职开展公民教育的内容范畴、基于行动（实践）导向的契合高职教育特点和学生特点的公民教育策略和实施的途径方法等，同时也梳理了外国主要国家历史上的公民教育以及国际组织倡导的公民教育，为高职院校实施公民教育提供行动参考，对在其他教育层次和教育类型中实施公民教育亦具有一定的参考价值。

图书在版编目（CIP）数据

引入公民教育的高职人才培养研究 / 荣莉，胡利胜编著. —成都：西南交通大学出版社，2015.8
ISBN 978-7-5643-4154-1

Ⅰ. ①引… Ⅱ. ①荣… ②胡… Ⅲ. ①高等职业教育－公民教育－人才培养－研究－中国 Ⅳ. ①D648.3

中国版本图书馆 CIP 数据核字（2015）第 188378 号

引入公民教育的高职人才培养研究
荣 莉 胡利胜 编著

责任编辑	秦 薇
特邀编辑	杨静文 王治田
封面设计	严春艳
出版发行	西南交通大学出版社 （四川省成都市金牛区交大路 146 号）
发行部电话	028-87600564 028-87600533
邮政编码	610031
网址	http://www.xnjdcbs.com
印刷	成都蓉军广告印务有限责任公司
成品尺寸	170 mm × 230 mm
印张	11
字数	205 千
版次	2015 年 8 月第 1 版
印次	2015 年 8 月第 1 次
书号	ISBN 978-7-5643-4154-1
定价	45.00 元

前　言

2013年初的一天，偶然读到北京大学哲学系李猛老师的一篇文章《大学的使命，公民科学与自由教育》。他在文中写道："如果只是为了传授专门技艺和实证知识，我们何必需要大学，将大学分解成各种专科学校难道不是更合宜吗？如果只是为了研究这些技艺和知识，也许将这所大学变成一所公司，会更加名副其实，提高'效率'。"由此，我问自己，什么是大学的使命？什么是高等职业院校（可简称为高职院校）的使命？培养学生掌握经济社会需要的知识和技术技能，满足社会发展需要，就是我们的使命吗？这一点应该说非常重要，但这就是高职院校的全部目的吗？答案是否定的。那么，高等职业教育的目的是什么呢？李猛老师给我们一个启迪，他写道："大学的使命，在于自由教育，一门公民科学……是连接一种实践与另一种实践之间的接力棒……公民科学，是那些所谓的社会科学、人文科学、自然科学或是专业技术的'主导技艺'"。他认为只有公民科学，才能最终使大学成为真正独立和自主的精神的载体，使其中的学生成为这种精神的化身，成为自由人和公民。

高等职业教育经历了规模扩张后，目前已进入内涵建设时期。内涵建设的主要目的是为了提高人才培养质量，而人才质量与高等职业教育的育人功能密切相关。高等职业教育要把学生培养成什么样的人？怎样育人？这些问题与前面提到的大学的使命一脉相承。虽然高等职业教育的育人功能已是老生常谈，但在实践中仍然局限于职业教育自身的内容，即培养经济社会发展需要的人才，而忽略政治社会和人自身的需要。育人工程是个复杂的系统，需要将政治、经济以及人的发展统一在一个框架内进行一体化的顶层设计。与政治社会话语中的育人概念匹配的概念应当是公民教育。因此，在高等职业教育中探讨公民教育问题是对高等职业教育人才质量观的完善，是一次有意义的探索。

柏拉图基于对人、对社会本质的认识而提出了公民教育，试图解决"应该为何种社会培养何种品质的人"这样一个基本问题。在国家经济转型的关键时期，对公民的素质要求更高。每天媒体上都会有许许多多公民行为失范甚至犯罪的报道，这不能不说与"跛脚"教育有关。如今占据高等教育半壁江山的高等职业教育已不能片面强调就业导向、服务经济社会，应将公民教育融入职业教育中，也许这是正面回应“为何种社会培养何种品质的人”这一基本问题的一个较好的选择。

本书是江苏省教育厅2013年度高校哲学社会科学基金指导项目“高职人才培养质量与公民教育关系研究”（2013SJD880106）的主要成果。

荣莉撰写本书的第四、五、六、七、八章，并承担本书的审核、校对工作；胡利胜撰写本书的第一、二、三、九、十章，并承担本书的统稿工作。

需要说明的是，这项研究只是一次在高职话语体系中的尝试性探索，并非是一次顶层设计的探索。笔者把编著本书的过程视为自我学习和提高的过程。由于水平所限，书中难免有疏漏和不足之处，敬请同仁批评指正。

荣莉

2015年7月

目　录

第一章 中国公民教育的历史轨迹

第一节 近代公民教育

从中国近代历史发展的进程看，随着中西方文化交流的日益密切，西方对中国的影响逐渐加深，尤其是伴随着西方的政治民主思想被中国的一些知识分子引进到中国，作为拯救民族危亡的手段，这些思想被移植和嫁接到中国社会的母体上。具体言之，鸦片战争后，民族危机日益加剧，中西文化冲突日益激烈，教育救国思潮流行起来，公民教育即产生于这股思潮中。在中国历史上，人们一直以来习惯于官民文化，官如日常用语中的“客官”“看官”“官爷”等，民如“臣、微臣”“草民”“贱民”等，这种臣民意识由来已久。“公民”一词引入中国，当与梁启超等有关。“人而不能独立，时曰奴隶，于民法上不认为公民。国而不能独立，时曰附庸，于公法上不认为公国[①]。”这是他于1899年较早地从比较意义上使用公民概念。

清朝末年的立宪运动首先试图唤醒中国人的民权意识，《中华民国临时约法》（1912年）规定了公民的基本民主权利，使民权意识在立法中得到确认，是我国公民教育肇始的法律。公民教育被明确提出来，蔡元培等功不可没。1912年，时任教育总长的蔡元培提出了以公民道德教育为核心，包括国民教育、实利主义教育、世界观教育和美感教育的“五育并举”的教育方针，并解释公民道德为“曰法兰西之革命也，所标揭者，曰自由、平等、亲爱[②]”，首次提出了公民教育。翌年，署名为“天民的”人撰文进一步论述公民教育

① 梁启超. 国民十大元气论. 饮冰室合集（第一册）·文集之三［C］. 北京：中华书局，1988：62.

② 蔡元培. 对于新教育之意见［J］. 教育杂志，1912（03）：2.

的必要性，“共和岂仅有其名而已，将必务其实，则非全国人民具有公民资格不可。公民资格之养成，岂旦夕可期，非提倡国民道德注重公民教育不可。然则公民教育于我国，其重要盖千百倍于他国矣”。①

1919 年的五四运动对我国的公民教育也产生了深远的影响。许多人在批判旧式教育的同时，开始倡导一种新的公民教育模式。这种模式立足于个人、国家、社会三方面因素，以民主精神为核心。这一阶段的公民教育侧重平民人格的教育，教育标准定为重视公共生活和社会进步方面，重点突出实际的生活经验对于公民的教育意义，体现出公民教育思想的不断深化发展。同时期，民间公民教育运动亦如火如荼地进行，一些民间组织和商业团体发挥自身优势，投入到公民教育运动中。如当时颇具影响力的中华基督教青年会及其分会在 1924—1927 年先后组织了四届公民教育运动，地域范围从东北、华北一直到华中、华南，以“能使一般国民知行合一，以尽国民之天职，担负国家之责任”② 为主要内容，活动形式多样，有演讲、组建各类社团、游行、征文、公民训练、辩论等。出版机构如商务印书馆则翻译出版了欧美国家的公民教育专著，《教育杂志》《中华教育界》等也刊载了相关文章对公民教育进行引导推介。

公民教育实验成为民国初期一道靓丽的风景。民国初期，社会氛围和环境相对宽松，教育界人士在出访欧洲后对国内德育的反思，以及国际形势和国际关系的变化，直接促进了真正意义上的公民教育思想的萌发。从 1913 年开始，凯兴斯泰纳的公民教育思想在国内各主要教育杂志上得到介绍，教育界人士对于公民教育的研究不再停留于思想领域，而是逐渐由理论探讨走向实践，其中最具代表的教育实验是晏阳初的平民教育实验和梁漱溟的乡村教育实验。晏阳初从 1926—1937 年十年间，在河北定县（今定州市）把平民教育用于乡村建设，其经验相继在广西、湖南、四川推行，这是中国现代教育史上一项伟大的创举。梁漱溟于 1931 年 6 月来到山东邹平，办起了乡村学校，开展了一系列的教育教学试验，力图用这“一点一滴的教育”，去完成文化上“一点一滴的建设”，最终实现他的“改造旧文化、创造新文化”，从而建设一个新国家的宏伟理想。教育实验运动在对农民输入民主、自由和正义等思想，为农村发展输入现代文化和现代组织制度以及对其他地方的示范方面发挥了引领作用。

公民科课程取代修身科课程。公民教育萌芽于晚清，时有修身科，民国初

---

① 天民．公民教育问题［J］．教育杂志．1913，5（10）．

② 中华基督教青年会全国协会公民教育委员会．公民教育与国货展览［M］．上海：青年协会书局．1926．

期保留并发展了修身科。民国政府成立之初，“公民”一词是被隐去的。1916年颁布《国民学校令实施细则》，其中“公民须知”被列入修身科的内容，借用了公民教育的外壳，实质上仍是以“孝悌忠信”为内核的传统道德教育为主。1919年4月，民国教育部①提出以“养成健全人格，发展共和精神”作为中华民国教育的新宗旨，中小学德育（道德教育的简称）课程也由此发生了相应的变化，修身科克服了在内容上只侧重私德、偏重传统与过去、过于抽象和不切实际的倾向，逐渐增加了适合于培养国民之精神所需要的、切合儿童生活实际和现实的社会生活内容。1922年新学制颁布，取消修身科，增加公民科及综合性较强的社会科，对公民素质培养、公民教育的推进意义重大。到了1923年，单独开设公民科，重在培养国家观念和责任意识，具有鲜明的公民共和主义特色。这可能是我国第一次将公民课正式纳入中小学课程。

1924—1933年，由于对教育及相关政治活动实施严密控制，公民参与政治活动受到严重影响。1934—1949年民国政府又推出了名为“新生活运动”的公民教育，横跨抗战、内战两大时期。虽然标榜“新”生活，但在思想层面上，它糅合了中国传统礼教、日本传统的武士道精神以及基督教价值观的元素。由于战争影响，成效不明显，之后因为历史原因，公民教育运动无疾而终。

民国时期的公民教育获得主要成就是在其初期，这一时期的经验给了我们如下启示：① 理论研究由抽象走向教育实验，这一模式的转变，对于公民教育的推广与实践发挥着重要的推动作用。② 在学校中落实公民教育，必须处理好公民教育与道德教育的关系。从内容上看，道德教育无法全部囊括公民教育的内容，公民教育有其不同于道德教育的独特内容；从作用上看，公民教育的实施可以部分地实现道德教育的作用，但并不是道德教育实施的唯一途径。这对现阶段处理公民教育与道德教育的关系具有非常重要的启迪作用；③ 这一时期公民教育的理论研究仍存在一定局限，主要表现为公民教育的论证多以共和政体为出发点。21世纪我国公民教育的发展应该摆脱这种局限，从国际视野以及更加广阔的社会现代化角度去理解公民教育在中国的实施情况。

总之，近代史上公民教育从修身科的萌芽到公民科的实施，以及新生活运动，从官方到民间，都有积极的表现。由于历史局限性以及战争的影响，公民教育的实施效果远没有达到人们的预期，但是公民以及公民教育思想已经在中国落地生根。

---

① 民国教育部：中华民国成立后，将清朝的“学部”改名为“教育部”。1926年3月改为教育行政委员会，1927年又更名为中华民国大学院，1928年12月以教育部正式命名至今。

第二节 现代公民教育

新中国成立之后，我国公民教育的发展轨迹大致可以分为两个时期。

一、1949 年到改革开放前

这一阶段前后近 30 年，这一时期国际局势紧张，国内百废待兴，思想政治教育完全代替了公民教育，公民教育经历了 30 年的沉寂期。新中国成立之初，中国人民重新开始了传播公民意识、建立和完善民主共和制度的实践。1949 年颁布的《中国人民政治协商会议共同纲领》，首次提出了针对全体国民的道德规范要求——“爱祖国、爱人民、爱劳动、爱科学、爱护公共财物”，将其作为中华人民共和国全体国民的公德（新中国成立初期，“国民”一词为法律文件中正式使用词语，1952 年《选举法》颁布之后，法律文件统一使用公民的概念，不再使用“国民”一词）。《共同纲领》规定基本义务的承担主体为“国民”，基本权利享有主体却只有“人民”，这反映出当时人们对公民权利主体内涵在认识上具有片面性。

1954 年宪法比较详细地规定了公民的各项权利和义务，公民的地位在法律上有了保证。1949—1956 年，我国教育事业实现了由新民主主义向社会主义的过渡，发展迅速，质量得到显著提高。但随后的十年，“左”倾错误倾向越来越严重。以致十年“文化大革命”期间，社会主义民主与法制遭到极大破坏，宪法规定的各项公民权利受到践踏，个人的生命、自由及尊严受到严重侵犯，这些都妨碍了国人公民意识的养成与发展。

（一）中小学思政教育

新中国成立初期，国家依据《共同纲领》的“五爱”框架，对中小学公民教育课程进行了必要的改造，取消了国民政府时期小学专门设置的综合性公民教育课程“社会科”以及每日的“公民训练”课程；中学新开设了“政治”课程，以加强社会主义意识形态教育；高中设置“社会科学基本知识”以及“共同纲领”，强调宪法和社会科学基本知识等公民教育内容的学习，注重学生分析、批判以及独立思考能力的培养。小学没有设置专门的公民教育课程，但进行渗透式的公民教育，强调各科渗透爱国主义思想教育和公共品德的培养。1954 年宪法颁布后，加强了中学宪法教育，增加了公民意识内容，如将高三的政治常识课改为宪法课；淡化了初中革命教育，加强了政治基础知识的学习，将"中国革命常识"课改为"政治常识"课。1959 年，教育部以《中等学校政治课教学大纲（试行草案）》的文件形式规定，初中设"政治常识"课，高中设"政治常识""经济常识""辩证唯物主义常识"课。这个框架在"文化大革命"结束后被沿袭。小学一直没有政治课。这一时期政治课内容及主旨与公民教育相差甚远，政治课主要是思想政治教育（可简称为思政教育）而非公民教育的主渠道之一。

（二）高校思政教育

新中国成立的前 30 年，我国高校思想政治课（简称思政课）的课程设置经历了 5 次调整。

（1）1949—1952 年。根据新民主主义建设和坚持中国共产党领导的需要，学习苏联的高等教育模式，创建了新中国的思想政治理论课，开设新民主主义论、政治经济学、辩证唯物论与历史唯物论三门课程。

（2）1953—1956 年。调整课程名称，增加两门课程。1952 年 10 月，教育部颁布通知要求各类型高校自 1953 年起开设"马列主义基础"。1953 年 6 月，教育部决定将"新民主主义论"改为"中国革命史"；1956 年 9 月，决定将"辩证唯物论与历史唯物论"更名为"辩证唯物主义与历史唯物主义"。增加了"马列主义基础""时事政策"。课程门数由 3 门增加到 5 门。

（3）1957—1960 年。1957 年 12 月高教部要求高校各年级普遍开设"社会主义教育"课程，学习时间暂为一年每周 8 小时。原课一律停开。而 1958 年 4 月，又提出各类高校一律开设"马列主义基础"（即今天的"社会主义教育"）"政治经济学""辩证唯物主义与历史唯物主义"。

（4）1961—1966 年。实施文理有别策略，文科 4 +1 框架："中国共产党党史""马克思列宁主义基础""政治经济学""哲学"加"形势与任务"课。理科 2 +1 框架："中共党史""马克思列宁主义概论"加"形势与任务"课。增加的"形势与任务"，主要讲述国内外形势，党和国家的任务、方针和政策，强调要加强毛泽东思想教育，反对当时的修正主义。

（5）1966—1976 年。1966 年"文化大革命"发动后高校停课，且停止招生，教学工作不正常。1970 年开始招收"工农兵"大学生，政治课主要以毛泽东著作为基本教材。

这一时期的公民教育发展情况，总体上以思想政治教育完全代替公民教育，但这种代替也随着社会发展阶段的不同而有所不同。具体可以分为三个阶段：

第一阶段，新民主主义教育向社会主义教育过渡阶段（1949—1956 年），以思想政治教育为主。尽管这一时期“公民教育”一词销声匿迹了，但公民教育所包含的民主、平等思想还是在人民内部得到最大程度的广泛落实。

第二阶段，建设社会主义教育阶段，以思想政治运动为主（1957—1966 年）。主要包括：“整风运动”、政治思想改造运动、阶级斗争、“四清”和“五反”运动等。这一时期教育界受全国错综复杂的政治形势的影响，开展了几次大的运动，而这一时期的教育无论在数量、规模和结果方面仍然得到了较大的发展。

第三阶段，“文化大革命”时期，以“政治文化革命”为主（1967－1977 年）。1966 年 5 月 7 日，毛泽东看了解放军总后勤部《关于进一步搞好部队农副业生产的报告》后，给林彪写了一封信，这就是著名的《五七指示》。《五七指示》给世人描绘了一个逐步消灭分工、消灭商品、平均主义的社会，这与社会发展规律背道而驰。因此，在执行过程中，已经建立和完善起来的教育体系遭到了不同程度的破坏，一系列学生运动给已有的尊师重教传统、学校教育制度造成严重破坏，致使教育发展不仅停滞不前甚至倒退。

思想政治教育代替公民教育不仅是新中国成立后前 30 年教育的主要特征之一，而且这一特征一直延续至今。

新中国成立后，1954 年颁布了第一部宪法。五四宪法明确规定了公民的权利和义务，公民的法律地位有了法律保障。但由于特殊的历史背景，我国选择了高度集中的计划发展模式，政治社会一体化，与此相适应，法律、社会学以及政治学意义上的“公民”被“人民”这一与“敌人”相对应的阶级斗争概念所取代，致使法律上规定的公民权利和义务的平衡状态出现了倾斜。1975 年与 1978 年宪法都强调公民服从、服务性的义务，不重视公民权利，公民、公民资格、公民意识乃至公民权利与义务等概念在政治、社会生活中被漠视、排斥，人民缺乏个体观念，公民意识淡漠。新中国成立后前 30 年，我国公民教育整体发展进程受到了严重阻碍。

二、改革开放后至今

随着改革开放和市场经济的完善，政治、经济、文化等各个领域都进入了一个新阶段。这就为公民教育的复兴奠定了社会基础，公民教育再次迎来了新的发展机遇。

1978 年，十一届三中全会确立了要进一步扩大人民民主、加强社会主义法制的方针，为公民教育的恢复提供了政策依据。

（一）公民教育寓于思想政治教育中，思想政治教育体系日益完善

中小学思政教育体系的完善。国家层面，通过出台一系列政策，将中小学思想政治教育体系建构起来。

1979 年，中华人民共和国教育部（以下简称“教育部”）召开全国中小学思想政治教育工作座谈会并印发会议纪要，对改革开放初期学校德育工作的具体展开作了原则性的说明，并明确提出了当时思想政治工作的首要任务就是要下大力气开发一套政治课教材。

1980 年，教育部发布《关于改进和加强中学政治课的意见》，对中学政治课体系提出如下建议：初一开设“青少年修养”，初二开设“政治常识”，初三开设“社会发展简史”，高一开设“政治经济学常识”，高二开设“辩证唯物主义常识”。

1981 年，教育部发出了《关于小学开设思想品德课的通知》。当年秋季，小学各年级普遍设立了思想品德课。

1982 年 1 月，教育部在《关于一九八二年秋季中学政治课教学用书的通知》中，明确规定了使用修订过的《青少年修养》《社会发展简史》《法律常识》《政治经济学常识》《辩证唯物主义常识》五本试用教材和教学参考书。同年 10 月 21 日至 11 月 7 日，教育部对 5 套试用教材作了进一步的补充和完善。至此，改革开放后第一套较为系统的德育教材得以编制完成。

1982 年 5 月，教育部制定了《全日制五年制小学思想品德课教学大纲（试行草案）》。这是新中国成立以来第一个思想品德课教学大纲。经过总结三年多的实践经验和广泛征求各方意见，修订后的大纲于 1986 年 5 月由教育部颁发。大纲强调“向小学生进行社会主义国家公民应有的道德品质和行为规范的教育”。

1982 年，《全面开创社会主义现代化建设的新局面》报告提出，必须加强“宪法和公民权利、公民义务、公民道德的教育”，第一次提出了包括“公民权责教育、公民宪法教育以及公民道德教育”在内的系统的公民教育内容。

1982 年，新《宪法》（简称“82 宪法”）修订完毕。这一部宪法是我国进一步加强公民教育的根本法依据。同时，教育部发出通知，要求大、中学校根

据本身特点学习新宪法，进行法制教育，使学生养成遵守、维护宪法的观念和习惯。

从1979—1984年，公民教育及其作为“82宪法”学习的产物在思想政治教育体系中有所涉及，标志着公民教育进入了恢复期。

1985年8月1日，中共中央发出了《关于改革学校思想品德和政治理论课程教学的通知》，从1986年开始有计划、有步骤地在全国范围内进行中学思想政治课的改革实验和中学德育整体改革实验。该《通知》是中学政治课更名为思想政治课的政策依据。

1986年，国家教育委员会（下称国家教委）[①] 建立了中小学思想政治教材研究中心，成立了7个思想政治课改革实验教材编写委员会，以便组织领导好新中国成立以来最大的思想政治课教材编写队伍。

1986年5月，国家教委颁发了重新修订后的六年制的《全日制小学思想品德教学大纲》，允许各地根据大纲要求，实行“一纲多本，委托编写，审查通过，自由选用”的原则。

1986年6月，国家教委颁布了《中学思想政治课改革实验教学大纲（初稿）》，明确规定了中学阶段思想政治课程设置依年级顺序为“公民”“社会发展简史”“中国社会主义建设常识”“科学人生观”“经济常识”“政治常识”，实行一纲多本。

1986年，中共中央在《关于社会主义精神文明建设指导方针的决议》中明确提出：“培育有理想、有道德、有文化、有纪律的社会主义公民。”同年召开的第二次全国法制教育工作会议提出，“法制教育要着眼于增强社会主义公民意识”的重要命题，对推进公民教育来说具有十分重要的意义。

1987年4月，国家教委下发了《关于进一步扩大中学思想政治课改革实验的通知》。

1987年11月，国家教委修订了《中学思想政治课改革实验教学大纲（初稿）》并送审。

1988年1月，国家教委对《中学思想政治课改革实验教学大纲》的送审稿作了必要的修改后原则通过，同年4月正式公布。各试点单位依据新修订的大纲，对原有教材进行了进一步的修改和完善。

1988年12月，国家教委组织召开中学思想政治课教材审查会议，对7套改革实验教材进行了审查，并提出了修改意见。1989年秋，7套修改后的教材以及教参在全国中学全面铺开使用。

---

① 国家教育委员会作为国家教育管理行政机构，其起止时间从1985年到1998年。

1988 年，国家教委动作频繁，颁布新的义务教育阶段课程方案，明确规定义务教育的目的是为培养有理想、有道德、有文化、有纪律的社会主义公民奠定初步基础。颁布《初级中学（公民）改革实验教学大纲》，开始在一些地区逐步推行“公民”课程改革实验，进一步强调公民权责教育和道德教育，突出了民主观念。发布了中学六个年级的改革实验教学大纲。

1992 年 8 月，国家教委又颁布了《九年义务教育全日制小学思想品德课教学大纲》。

1992 年 9 月，国家教委将中学各年级所学习的政治课统一称为“思想政治”，便于对课程内容进行综合化设计。

1993 年，国家教委颁发了《小学德育纲要》。

1993 年，国家教委制定了《中学思想政治课教学大纲》。明确思想政治课是对学生进行马列主义基本常识教育和社会主义公民的政治、思想、品德教育的课程。

从 1985－1994 年，公民教育作为思政教育的附属产品，在中小学教育阶段获得了前所未有的发展。

1995 年，国家教委正式颁布《中学德育大纲》，明确规定学校德育工作的基本任务是把全体学生培养成为热爱社会主义祖国的具有社会公德、文明行为习惯的遵纪守法的公民。

1996 年 4 月，国家教委颁发了《高级中学思想政治课课程标准》。

1997 年 4 月，国家教委编制并颁发了《九年义务教育小学思想品德课和初中思想政治课程标准（试行）》。这是新中国成立后第一次将九年义务教育作为一个系统进行整体设计，是一次积极的尝试。这也是首次以课程标准取代教学大纲，之后的规范性教学文件均以课程标准冠名。

2001 年 9 月，中共中央颁布了《公民道德建设实施纲要》，明确提出建立与社会主义市场经济相适应的公民道德规范，强调公民主张自我权利和承担社会责任的统一，并且坚持公民先进性要求和广泛性要求相结合的原则。

2001 年 10 月，教育部又颁布了《九年义务教育小学思想品德课和初中思想政治课程标准（修订）》。

2002 年 5 月，教育部正式颁布了供小学使用的《全日制义务教育品德与生活课程标准（实验稿）》和《全日制义务教育品德与社会课程标准（实验稿）》。

2003 年 5 月，教育部颁布了供初中使用的《全日制义务教育思想品德课程标准（实验稿）》。

2004 年，教育部颁布了供高中使用的《普通高级中学思想政治课程标准

（实验稿）》。

从1995年至今，中小学德育课程建设在专业化、规范化、体系化方向上实现了重大突破。我们也发现公民概念以及公民教育的相关内容在思政教育体系中的地位越来越重要。

高校思想政治教育体系的完善。高等职业教育源于20世纪80年代初建立的地方短期职业大学。1996年，全国人大通过并颁布了《中华人民共和国职业教育法》，从法律上确定了高职教育在我国教育体系中的地位。1999年6月13日，《中共中央国务院关于深化教育改革全面推进素质教育的决定》将高职教育明确为是高等教育的重要组成部分。时至今日，我国高职教育已经走过了30多年的发展历程，占据高等教育的半壁江山。高职的思政教育体系与高校思政教育体系一脉相承，因此，在这里重点梳理高校思政教育体系的发展脉络。改革开放以来，我国高校思政课程的发展变化经历了“86、98、05”三个课改方案，并日趋完善。

课程系统稳定期（1977—1984年）。由于这一时期思政课程的结构体系重在加强马克思主义三个组成部分的教育，即马克思主义哲学、马克思主义政治经济学以及科学社会主义的教育，加上此时党的指导思想只有“马列主义”和“毛泽东思想”，还没有新的理论成果，因此，这段时间高校思政课程体系基本上沿用了上一个阶段的基本框架，被学界称之为稳定时期。高校思政课程体系由“辩证唯物主义与历史唯物主义”（1980年后改为‘哲学’）”“马克思主义政治经济学”“中共党史”“国际共运史”组成。文科从1982年起逐步增开“共产主义思想品德”课。从此，高校思政课实际上已经包含了“马克思主义理论课”和“思想品德课”。

86课改方案期（1985—1997年）。1985年8月，中共中央下发了《关于改革学校思想品德和政治理论课程教学的通知》（中发〔1985〕18号）（以下简称《通知》），对高校思政课教学提出的要求主要有：进行以中国革命史为中心的历史教育，使学生了解具有悠久的历史文化传统的中国，是怎样根据历史的必然走上以共产党为领导力量的社会主义道路的；进行马克思主义基本理论的教育，使学生了解马克思主义的哲学、历史学、经济学、政治学和科学社会主义等基本理论观点的历史渊源、主要内容和现代发展（包括在中国的运用和发展）；有分析、有比较地介绍当代其他各种社会思潮，对错误的思潮要有分析地进行充分说理的批评，培养学生运用马克思主义对这些思潮进行鉴别和分析的能力；进行中国社会主义建设和改革的理论、政策和实际知识的教育，使学生了解党和人民正在进行的有世界意义的伟大事业和青年一代的密切关系。同时还要求，在进行上述各项教育中，要适时地穿插各种切合学生需要的时事教育、文学艺术教育和课外活动，激发学生为社会主义伟大事业而奋斗的献身精神；还应向学生介绍当代世界政治经济的基本状况、国际关系的基础知识，帮助学生开阔视野，使他们在对外开放的环境下有坚定的立场和较强的适应能力。

根据这个《通知》的要求，1986 年 3 月，国家教委下发了《关于在高等学校进一步贯彻〈中共中央关于改革学校思想品德和政治理论课程教学的通知〉的意见》，将高校思政课主体框架调整为“中国革命史”“中国社会主义建设”和“马克思主义原理”三门课程。作为补充，“世界政治经济和国际关系”为有条件的地区和学校可以开展的专题讲授或组织讲座；已经在部分高等学校陆续开设共产主义思想品德教育（包括职业道德教育）的课程作为更高水平上的有关青年身心发展和就业准备的教育，并鼓励因校制宜地进一步加强。这就是“86 思政课改方案”的雏形。

1986 年 7 月，中共中央宣传部（以下简称“中宣部”）、国家教委下发通知，将“形势与政策”列入必修课程。9 月，国家教委下发通知增加“法律基础”课程。次年 11 月，国家教委推出《关于高等学校思想教育课程建设的意见》，对思想教育课程规定，设置五门课程：“法律基础”“形势与政策”为必修课，“大学生思想修养”“人生哲理”“职业道德”三门课可因校制宜有选择地开设。

“86 思政课改方案”推出的课程体系比较庞大，更进一步明确了政治理论课和思想教育课两类课程体系，是新中国成立以后第一次对高校思政课程体系的重大改造，思政主题教育此后成为高校公共课的重要组成部分，公民教育的话语几近消失。

98 课改方案期（1998—2005 年）。1995 年 10 月，国家教委下发《关于高校马克思主义理论课和思想品德课教学改革的若干意见》，第一次明确将马克思主义理论课和思想品德课简称为“两课”，提出改革重点是以邓小平同志建设中国特色社会主义理论为中心内容；首次对“两课”设置作了统一规定，政治理论课改为马克思主义理论课，由“马克思主义基本原理、中国特色社会主义建设、中国革命史”组成；思想教育课程改为思想品德课程，由“思想道德修养、法律基础、形势与政策教育”组成，文科还开设“世界政治经济与国际关系”。1997 年，中共“十五大”将邓小平理论确立为党的指导思想并写入党章。党中央明确提出了邓小平理论要“进课堂、进教材、进学生头脑”的“三进”要求。

1998 年 6 月，中宣部、教育部根据中央政治局的意见，发出《关于普通高等学校“两课”课程设置的规定及其实施工作的意见》，正式启动了“98

思政课改方案”。在本科，马克思主义理论课由“毛泽东思想概论”（改自“中国革命史”）、“邓小平理论概论”（改自“中国社会主义建设”）组成，增开“马克思主义哲学原理”“马克思主义政治经济学原理”课程。思想品德课程由“思想道德修养”“法律基础”“形势与政策”课程组成。另外，为加强当代国际社会和时事教育，开设了“当代国际经济与政治”课程，俗称七课八课。在专科，马克思主义理论课由“毛泽东思想概论”“邓小平理论概论”和“马克思主义哲学原理”课程组成，思想品德修养课由“思想道德修养”“法律基础”和“形势与政策”组成，俗称“五课六课”。

“98 思政课改方案”的结果是思想政治教育成为高校公共政治教育的主题，意识形态领域的教育得到强化。公民教育由思想教育体系重新定义为思想品德体系。从课程名称以及课程内容分析，“98 方案”有许多关于公民应知应会的知识，如道德问题、国体政体、爱国主义、集体主义、社会主义的教育，等等。公民教育之所以没有被作为独立的课程加以设置，是由于理论界有一些争议，即思政教育与公民教育的内涵与外延是彼此独立还是交叉，或者包容关系。争议的问题属于抽象层面的逻辑关系问题，对于现实实施的教育会有一定的影响。比如，在权利方面，学生们会意识到自己作为公民个体应该享有的权利；但是在义务方面，很少有学生意识到作为个体公民应尽的义务。对于国家，学生们也很少考虑基于公民身份而应具有的公民素养，为国家、社会应尽何种义务，保持何种理性和做出怎样的判断，公民技能十分欠缺。

05 课改方案期（2005 年至今）。2002 年，“十六大”将“三个代表重要思想”确立为指导思想。同年 2 月，教育部发出通知将“邓小平理论概论”课调整为“邓小平理论和‘三个代表’重要思想概论”。2004 年 10 月，中共中央、国务院发出《关于进一步加强和改进大学生思想政治教育的意见》。同年 11 月，中宣部、教育部发出《关于进一步加强高等学校学生形势与政策教育的通知》。2005 年 2 月，中宣部、教育部发出《关于进一步加强和改进高等学校思想政治理论课的意见》，3 月，中宣部、教育部发出《关于印发〈中宣部、教育部关于进一步加强和改进高等学校思想政治理论课的意见实施方案〉的通知》，正式启动了“05 思政课改方案”，方案对本科和专科思政课程开设作了明确规定。

本科设置 4 门必修课：“马克思主义基本原理”“毛泽东思想、邓小平理论和‘三个代表’重要思想概论”“中国近现代史纲要”和“思想道德修养与法律基础”，同时开设“形势与政策”课。另外，还开设了“当代世界经济与政治”等选修课。三年制专科只开设两门必修课：“毛泽东思想、邓小平理论和‘三个代表’重要思想概论”和“思想道德修养与法律基础”，突出了依法治国和以德治国的有机结合。同时开设“形势与政策”，后来高职增加了“职业生涯规划”课程，突出职业教育的服务功能。

“05 思政课改方案”将中国共产党的几个重要指导思想进行理论整合，形成马克思主义中国化的理论教育框架。值得注意的是，本科重新开设了“中国近现代史”，隐约看到了“86 思政课改方案”中的“中国革命史的”影子；专科思政课的“两课”特征明显了。“05 思政课改方案”克服了“98 思政课改方案”的内容多、彼此关联度不高的弊端，精炼内容，优化体系，这反映了当时党和国家以人为本的治理理念。但是，“05 思政课改方案”虽然减少了课程门数，调整了思政课的学时和学分，但思政课偏重和强化理论灌输的特点没有大的改变，公民教育包含在当时颇为流行的人本教育中。

值得一提的是，中宣部、教育部在《关于进一步加强和改进大学生思想政治教育的意见》中提出的开展中国革命、建设和改革开放的历史教育的要求，在高职院校中并未得到落实。

2010 年，将“毛泽东思想、邓小平理论和‘三个代表’重要思想概论”改为“毛泽东思想与中国特色社会主义理论体系概论”。

通过梳理党和国家对思政课的教学政策，发现思政课始终以“理论”“历史”和“国策”为主要构件，反映了时代发生的变化和对人才培养的要求。“86 思政课改方案”把毛泽东思想、邓小平理论（当时称为建设有中国特色社会主义理论）融入“中国革命史”和“中国社会主义建设”两门课中，是一大进步。但 1989 年发生的“六四”政治风波影响新一轮课改。到“ 98 思政课改方案”时，放弃“史”“论”并举、“历史教育在先”的体系模式，最终形成了以宣传党的理论为主的课程体系。这一课程体系在“05 思政课改方案”中有所修正，但是重论轻史的现象在包括高职在内的专科教育中仍然没有改变。

前文的梳理，基本上理清了我国学校思想政治教育的发展脉络以及公民教育在其中的地位。在此，有必要对二者进行比较，以帮助我们进一步理解二者的内涵：

（1）目的不同。思想政治教育以及德育是指用一定的思想观点、政治观点、道德规范等对学生施加有目的、有计划、有组织的影响，使学生具有坚定的政治方向，科学的世界观、方法论，具有良好的道德品质等。公民教育的主要目的是将学生培养成为具有现代公民意识的现代公民，成为社会主义法治国家的建设者和市场经济的参与者。

（2）内容及侧重不同。思想政治教育、德育主要是对学生实施世界观、人生观、价值观、爱国主义、集体主义、社会主义、政治观、社会公德等方面的教育，侧重思想政治教育的意识形态功能。公民教育的主要内容是对公民进行权利、义务、道德、思想政治、民主观念、法律、纪律、政治、科学文化及心理品质等方面的教育，相对于思想政治教育来讲，内容更加宽泛，主要侧重于公民意识的启迪、公民知识的掌握及公民技能素质的养成。

经过对比，我们发现，在我国思想政治教育不断发展和完善的过程中，各类学生实质上还是接受了一定程度的公民教育，客观上为公民意识的养成、公民精神的培育奠定了一定的基础。只是这种收获非常有限，究其原因有三点：一是思想政治教育的目的是为了培育公民精神，有关公民权利与义务等方面的知识仅限于了解，满足于应付考试，还不能真正转化成公民能力；二是思想政治教育的重点是以学习知识、服从义务为主导；三是思想政治教育没有解决学生在理性判断方面能力欠缺的问题，而这个问题与社会稳定密切相关。因此，思想政治教育体系的完善及其课程的实施，尚不能满足新时期对公民素质方面的迫切需求。

（二）高职思想政治教育在全国学校思想政治教育体系中的地位

通过前文对思政教育课程改革的梳理，我们基本上形成了这样一个认识，就是党和国家对各级各类学校思想政治教育体系进行了整体性建构，高职思想政治教育课是其中重要的一环。

20 世纪的新中国，全国大、中、小学思想政治教育取得了显著进步。进入 21 世纪后，从 2001—2004 年仅三年时间，中共中央、国务院以三个文件构建了一个思想政治教育塔，塔的底层是公民道德建设，中间层是未成年人思想道德建设，顶层是大学生的思想政治教育。高职处于这个思政教育塔的顶层，但却是顶层中的基础。这三个文件是：2001 年 9 月，中共中央印发《公民道德建设实施纲要》；2004 年 8 月，中共中央、国务院发出《关于进一步加强和改进未成年人思想道德建设的若干意见》；2004 年 10 月，中共中央、国务院发出《关于进一步加强和改进大学生思想政治教育的意见》。

2005 年 5 月，为贯彻落实《中共中央国务院关于进一步加强和改进未成年人思想道德建设的若干意见》和《中共中央国务院关于进一步加强和改进大学生思想政治教育的意见》精神，教育部发出《关于整体规划大中小学德育体系的意见》，对学校德育体系进行具体化设计，要求“坚持以人为本，遵循学校德育工作规律和青少年学生成长成才规律，适应社会发展要求，贴近实际、贴近生活、贴近学生，把理想信念教育、爱国主义教育、公民道德教育和基本素质教育贯穿始终，使大中小学德育纵向衔接、横向贯通、螺旋上升，不断提高针对性、实效性和吸引力、感染力，更好地促进青少年学生健康成长”。这些要求贯彻在“05课改方案”中。

我国的学校教育阶段划分为小学、中学、大学三个阶段，每个阶段再细分，总体上分为九个层次：小学低年级、小学高年级、初中、普通高中、中等职业学校、高职高专、本科、硕士研究生、博士研究生。每个层次都有相应的思想政治教育和德育课程。在一体化的思政德育体系中，高等职业教育中的思政教育和德育与其他各层次并列作为国家思政教育体系的重要组成部分，并且因其在人数上占优势被认为占据高等教育的半壁江山，加之职业教育在为国家培养经济发展、社会进步所需的各类技术技能人才方面具有不可替代的优势，高职思政教育在我国思政教育体系中的重要性不容小觑。早先被包含于思想政治教育中的高职公民教育的问题因此变得同样重要。

第三节　公民教育的复兴

随着改革的深化，开放程度的逐步提高，民主氛围逐渐形成。新时期社会发展对学校教育提出了新要求和新挑战。20世纪末至今，我国市场经济发展迅速，市民社会以及公共生活逐渐形成，民主法制建设渐趋深入，培养健康公民的呼声越来越高。改革开放刺激教育观念发生了重大变化，教育理论研究转向主体教育、创新教育，充分尊重个体的主体性、独立性和创造性，为实现社会政治、经济、文化现代化培养具有创新意识和能力的人，成为教育界公民教育复兴的前奏。这是市场经济和法制社会的要求，也是对现代德育的一个挑战，就是要承认公民在现代社会中独立、平等的地位，锻造具有主体自觉的公民人格。

随着学校思政教育体系的完善，教育理论界开始对基础教育是培养“人才”还是培养“公民”进行探讨，公民教育复兴的结构性因素已逐渐形成。学界的理论研究，为公民教育的复兴提供了理论支持。改革开放以来，中国公民教育研究主要沿着三条路径推进：

（1）沿着“吸洋”路径翻译和介绍国外学者关于公民教育的理论资源和经验。翻译和评介国外关于公民、公民教育的著作，如徐湘林等人翻译的由美国加布里埃尔·A·阿尔蒙德和西德尼·维伯合著的《公民文化——五个国家的政治态度和民主制》，柯雄翻译的美国托马斯·雅诺斯基著的《公民与文明社会：自由主义政体、传统政体和社会民主政体下的权利与义务框架》，周玲、张学文翻译了美国玛多娜·墨菲博士的著作《美国“蓝带学校”的品性教育——应对挑战的最佳实践》等。

（2）沿着“思古”路径对我国近代公民和公民教育思想的梳理与反思。如梁景和著有《清末国民意识与参政意识》，隋淑芬的《严复的中西国民素质及其教育比较研究》，虞文华、陈勇军的《试论梁启超新民德思想的内在特点》以及张锡勤的《中国20世纪初“国民”问题讨论述评》等。

（3）以中国现代化进程的实际为坐标，形成和不断拓展公民教育研究的问题域。如公民教育的意义、概念阐释、内容、制约公民意识和公民素质提高的主要因素、提高公民素质的路径选择等。

除了理论研究，学术界也从制约公民意识和公民素质提高的角度研究公民教育实践的可能阻力。他们认为，几千年封建统治的后遗症，目前整个社会市场经济与政治体制、文化领域的不匹配、不均衡发展，以及市场经济负面作用的影响等，成为制约公民意识与公民素质提高的现实瓶颈。但无论如何，立足于中国现代化发展的公民教育理论研究，为公民教育在当代中国的复兴准备了坚实的思想基础。同时，理论研究者坚持不懈的呼吁，也成为公民教育发展的主要推动力量之一。

公民教育实践活动不断涌现，为公民教育的复兴探索多样路径。进入21世纪，全球化、网络化以及日益完善的市场经济体制为我国公民教育的发展带来了前所未有的机遇。公民教育历史性复兴的背景性因素，其实就是现代社会发展过程中社会生活、政治生活、经济生活的内在变迁所引发的对实践主体新的人格特质要求向教育的迂回，这一迂回又直接导致了相应教育领域培养目标和课程理念与课程内容的修正。背景性因素与结构性因素一同推动了公民教育的当代复兴。

公民教育的社会氛围渐趋形成。互联网以及移动互联网业务的飞速发展，加快了我国公民社会的实践进程。海量信息中有相当一部分内容关涉公共生活领域和政治领域。各种传播媒体成为公民了解、参与社会的主要渠道，促进了公民意识的觉醒。一些有影响的电视节目如中央电视台的《焦点访谈》《今日说法》《新闻调查》《法庭传真》，成为公民教育的“大课堂”，有力地推动了我国民主化、法制化的进程。网络由于其言论自由、传播迅速，日益发挥着强大的舆论监督作用，极大地改善了人们参政议政的条件，更成为人们参政议政的一种有效方式。2009年年初，河南洛阳热心社会问题的网友“老牛”被推选为洛阳市人大代表，被誉为中国“网民代表第一人”。“网民”已是当今中国社会一股不可忽视的力量。互联网的技术特点使人们能超越与个人生活紧密

相关的小环境，进而与更广泛的社会产生互动，而互联网的运用，也拓宽了政府的执政途径，提高了政府的执政能力，拉近了政府与公民的距离，不仅极大地节省了政府和公民沟通的成本，而且有利于公民权利意识的培养。

公民教育得到了社会认可。随着改革开放的深入、民主化进程的深化，公民素质、公民教育开始出现在政府文件中，高校和研究部门成立专门的公民教育研究机构，开辟专门的公民教育研究领域，如北京师范大学公民与道德教育研究中心从21世纪初即开始关注公民教育，除了承担有关公民教育的国家及北京市重点课题的研究之外，中心已经开设了公民教育、人权教育等研究生课程。郑州大学公民教育研究中心出版了包括《中国共产党公民教育理论与实践》《公民学》《公民教育概论》《公民权利意识研究》等在内的一套“公民教育研究丛书”，一定程度上丰富并推进了公民教育研究。

政府成为倡导公民教育的最强音。2001年《公民道德建设实施纲要》颁布，虽然《纲要》是借“公民”之名行“道德教育”之实，其内容远未触及公民教育的实质，但“公民”一词再次鲜明地出现在政府文件中，进一步支持和引导了媒体、学术界以及社会舆论有关公民教育理论的研究与实践。中共十六大报告提出要“健全民主制度、丰富民主形式，扩大公民有序地政治参与，保证人民依法实行民主参与、民主选举、民主决策、民主管理、民主监督，享有广泛的权利和自由，尊重和保障人权”。不难想象，民主社会的建立以及公民教育推行的制度供给和制度保障也将逐渐得以实现。中共十七大报告明确提出要“加强公民意识教育，树立社会主义民主法治、自由平等、公平正义理念”，要达到“扩大社会主义民主，更好保障人民权益和社会公平正义，公民政治参与有序扩大，依法治国基本方略深入落实，全社会法制观念进一步增强，法治政府建设取得新成效，基层民主制度更加完善，政府提供基本公共服务能力显著增强”的目的。这些内容是公民教育当代复兴奏出的时代最强音。2010年7月公布《国家中长期教育改革和发展规划纲要（2010—2020年)》，民主决策是这一规划纲要制定的突出特点、最大亮点，这一成功的工作模式为我国公民素质的养成营造了很好的社会氛围。党的十八大报告中继续强调“加快推进社会主义民主政治制度化、规范化、程序化，从各层次各领域扩大公民有序政治参与，实现国家各项工作法治化”。这一系列政策文件构成了政治领域推动公民教育进程的“五部曲”。

公民教育实践蓬勃兴起。公民教育作为民主社会建设的重要组成部分，需要家庭、学校、社会教育相互协调、共同发展，公民教育更是一个跨学科、跨专业、综合性较强的领域。公民教育实践依托学校教育和社会教育两种途径进行，是我国公民教育发展的传统。在世界各国，学校公民教育的实践也普遍存在着两种模式，一种是开设专门的公民课程；另一种是渗透在道德教育中进行。目前，在我国尚未开设专门的公民课程的前提下，学校德育事实上已经更多地承担了公民教育的使命。社会实践活动成为道德教育包括公民教育在内的重要补充途径，中小学校组织“模拟法庭”“模拟联合国”“国旗下讲话”“社区服务”等活动，有些学校还与政府部门联合组织面向社会的“听证会”，让学生向有关职能部门汇报就“历史文物保护”“垃圾车漏污水”“城市路灯节能”等社会公共问题的调查研究成果，并邀请专家组对调查报告进行严格听证。大学生则积极参与志愿者服务组织、暑期社会实践、社会团体组织以及其他富有特色的实践活动等，通过各种社会实践活动培养各类学生对于社会事务的参与意识和解决问题的能力，为他们走向社会做现代公民打下了基础。

回顾公民教育在中国内地的百年发展史，我们可以发现，公民教育随着中国历史的大变动，几经沉浮，直至今日，再度兴起，成为一个研究热点，有其历史必然性，它与改革开放以来尤其是新世纪以来，公平、正义理念的深入人心，网络时代的到来，法制的健全以及决策的科学化、民主化密切相关。强调公民教育的意义主要在于摆脱传统的依附性人格，养成独立、自主、平等的现代性人格，这些人格的养成，需要通过公民教育来实现。越来越多的有识之士发现：公民教育的复兴将成为当代中国全部教育转型的一种必然象征。因此，我们应当从新的角度重新审视公民教育的时代意义。

第二章　公民与公民教育

公民教育在任何一个国家走向现代化和建设现代化的进程中所起的重要作用都是毋庸置疑的，它是使任何一个国家真正步入现代文明的一项事关全局的基础建设。高职院校作为技术技能型人才培养和教育机构，在我国高等教育中已占据半壁江山。高职学生的素质对我国公民整体素质的提升有重要影响。因此，加强高职学生公民教育，对于提升高职人才培养质量具有十分重要的现实意义。

第一节　公　民

如今人们谈到公民概念，往往具有片面性。当前人们对公民及公民教育的理解通常有三个维度：一是法律意义上的理解。所谓公民，就是指具有一国国籍的自然人，公民教育侧重于国民教育，即让该国国民知晓自己的权利和义务，并引导其在此（法律）意义下主张权利、承担义务，更突出受教育者对国家、对历史的认同和对现行政体的拥护，包括爱国主义教育、民主与法制教育、传统文化教育等。二是政治学意义上的理解。公民是最基本的社会（国家）成员，公民教育侧重于民主教育，突出自治、权利、平等、参与等价值主张，主要包括独立人格教育、民主意识教育、竞争创新意识教育、政治参与教育等。三是社会学意义上的理解。随着经济全球化的深入，现代人总体上对国家的期望回落，政治意义上的公民正从参与政治生活更多地向参与公共生活（社会学意义）转移，“公民”被赋予更多公共人的角色，公民教育则侧重于人道情怀、公共理性和社会责任教育。显然，在不同背景下言及公民教育的指

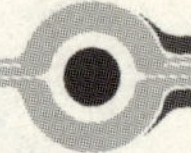

向必然各有侧重，如何相互融合、因势利导地把握公民教育的内涵，是科学实施公民教育的前提。

现实中普遍存在这样的社会现象，把公民只当成接受思想政治教育和道德教育的主体，而忽视公民是宪法确认的公民权主体。这种公民教育难免变为道德训育，会陷入旧时代臣民、子民、顺民意识教育。那么，公民二字究竟意味着什么？或者说什么是公民？这个问题是研究公民教育不能回避的元问题。厘清“公民”概念成为我国教育转型乃至社会转型的当务之急。

按照通常的理解，公民就是一个法律概念，是指具有一国国籍，并根据该国宪法和法律，享有权利并承担义务的人。历史地分析，“公民”是个外来词汇，来源于古希腊。亚里士多德在《政治学》一书中指出：“（一）凡有权参加议事和审判职能的人，我们就可说他是那一城邦的公民；（二）城邦的一般含义就是为了要维持自给生活而具有足够人数的一个公民集团。”[①] 而这个公民集团其实只是由年满20岁的男性组成，他们拥有组织城邦的最高权力机关——公民大会、执行机关——500人议会、审判机关——陪审法庭和监督机关的权利，拥有选举权和被选举权，但不包括妇女、儿童、奴隶、农奴、边区居民以及外邦人。所以，对亚里士多德来说，公民（权）就是城邦统治集团的特权地位，即只有本国的自由民才能称为公民。启蒙运动重新建构起一种关于人、社会与国家的理论，即社会和国家都是为了人而组成的，是由普遍的（联合的）人民意志之中产生出的根本法，称之为原始契约。在这一立法中享有投票权利的人，就叫作公民。启蒙运动后期著名的哲学家康德也指出，作为理性的存在者，人有权利做他自己认为适当的事情，没有人应当按照别人对幸福的理解选择自己的生活，他把这种公民自由看作是人所具有的唯一的自然（天赋）权利，并强调法律有义务保障自由这种自然权利。近代意义上的公民与公民权作为法律概念的普遍使用是在资产阶级革命以后，美国独立战争宣言和法国大革命的宪法明确了公民（权），通过这两部宪法性文件，人类史上首次出现了近代公民资格，即公民是指一个国家的每一个成员，他们彼此之间是相互平等的。

国家意义上的公民，成为近现代人们谈论公民以及公民教育的主线，如古罗马时期的西塞罗、文艺复兴时代的马基雅维利（Machiavelli）、近代的洛克（Locke）、孟德斯鸠（Montesquieu）以及20世纪的奥克夏（Oakeshott）等，都不同程度强调个别公民与其所属政治共同体的特殊关系，以及公民意识中所应蕴含的守法、负责、参与、奉献等品质。

① 亚里士多德. 政治学［M］. 吴寿彭，译. 北京：商务印书馆，1983：123.

国内学者对“公民”概念的阐释主要从多种学科意义上展开。孙玉红、陈二林从政治哲学角度对西方“公民”概念进行了历史考察：

（1）古希腊罗马公民概念的起源与初步发展时期。最初公民与城邦国家具有高度同质化的关系，公民是城邦的权利主体，城邦是政治—伦理共同体，它属于全体公民所有。到公元前3世纪，罗马平民通过斗争获得公民资格。公元前1世纪，公民身份扩大到整个帝国的臣民，公民与城邦不再是命运共同体的关系，公民权利与城邦权力呈现出一种张力。

（2）中世纪是“公民”概念被淹没时期。基督教胜利，封建等级制度下，个人不再是具有独立人格和政治权利的城邦公民，而是获得了宗教与世俗双重身份的上帝的“子民”和封建王权的“臣民”。在这一时期，也出现了具有自由、平等特征的“城市”以及与其相对应的“市民”阶层直至后期的“市民社会”。

（3）近现代是“公民”概念重新确立时期。资产阶级革命胜利后，市民是独立、自由的个体，并通过资产阶级共和国进一步获得某种现代公民的特质，他们反对等级特权，强调人人平等。

因此，公民是个历史性的概念，原初公民—臣民—市民—公民形成了一个历史链条。现代公民概念承继了古代“公民”概念中所包含的平等、对国家的认同、集体自治等内容，并且保留了民族国家形成前的“市民”概念中的独立、自由、平等等内核，同时是对“臣民”概念所蕴含的奴性的彻底反叛，“按照马克思对人类历史发展的三阶段划分，原初公民和臣民、现代市民—现代公民、未来公民分别对应于人对人的依赖占统治地位的前现代社会、人对物的依赖占统治地位的现代社会、人的全面而自由的发展的自由人联合体，进而言之，分别对应于城邦社会—臣民社会—市民社会—公民社会”。①

王广辉从法律的角度剖析，认为公民是指“具有一个国家国籍的自然人”，并从公民的特征阐述了公民的内涵，“公民是一个表征人的属性的概念，反映了个人与国家、社会与国家之间的关系”，“自然人作为市民社会的成员在享有私人权利的同时，作为国家的公民还有权参与国家事务的管理，享有政治权利，这种政治权利就是所谓的‘公民权’”；“公民概念是关于人的角色的法律表述”，确立了人人平等，实现了人与人之间的普遍联系；“公民概念的确立实际上是对人的主体性的法律确认”，即自主性、自为性、选择性和创造性，“在政治国家中，公民的主体性地位实现程度，是一个国家政治文明、法

---

① 孙玉红，陈二林. 西方“公民”概念演变的历史考察——基于个人与国家关系的维度［J］. 人民论坛，2013，23：189－191.

治文明实现程度的重要标尺”；“公民的形成是市场经济、民主政治和文化相结合的产物”，“市场经济的实行为公民概念的萌生和确立奠定了坚实的物质基础”，民主政治赋予了人独立的政治身份，‘法治’‘权力制约’的制度保障了个人对国家政治的参与和控制，为个人成为真正的公民奠定了坚实的基础”。①

姬振旗认为，在现代社会中公民通常指具有一个国家的国籍，并根据该国的宪法和法律规定，享有权利并承担义务的人。公民之为公民，最根本之处就在于公民是一个权利主体，其基本特征是自由、平等、独立以及充分介入社会合作的公共参与。他阐述公民的含义包括三点：公民是指社会人、政治人，他是以社会和国家的一个成员身份而存在的；公民表达了个人与国家之间的一种特定法律关系，并具有相应的权利和义务；公民不仅是一个政治的概念，而且是一个历史的概念、文化的概念。其中，公民内涵中最核心的是“公民是一个社会人及政治人，他是以社会和国家的一个成员身份而存在的，其处世原则依赖于他与社会的契约而定，即具有相应的公民权利和义务”。②

周国文认为，“时至今日，公民不是宗法社会和等级社会中的臣民，也不是近代商业社会或西方早期市民社会意义上的纯粹经济人，而是经济人、政治人和道德人的统一”，“公民就是参加政治事务、司法事务、社会公共事务和统治机构的人们，即在政治层面上有着自主权利并平等参政的社会共同体成员就是公民”。③

檀传宝认为公民概念并非一成不变的一个固定范畴，其内涵的演变可从历史变迁和社会文化两个方面予以说明。就历史变迁来考察，他以英国学者 T. H·马歇尔的《公民身份与社会阶级》一书为根据，从公民身份的含意入手，解释公民概念随着历史演进的三种形态：“第一代公民身份意味着拥有公民政治权利；第二代公民身份意味着不仅拥有公民政治权利，还拥有获得一定的社会经济保障的权利；第三代公民身份具有更多的全球化的色彩，即公民身份还意味着有权生活在良好、安全和可持续的环境中。④”从社会文化视角来考察，他认为公民概念不仅是历史的，而且是地域的、文化的，因国家和社会文化的差异而具有不同的含意，并通过法国、德国和英国公民认定标准的比较，证明文化差异的实在影响。他认为，“公民（身份）意味着个人同国家之间的关系，这种关系是，个人应对国家保持忠诚，并因而享受国家保护的权利。公民

---

① 王广辉. 公民概念的内涵及其意义［J］. 河南省政法管理干部学院学报，2008（01）：88－94，91－93.

② 姬振旗. 公民教育概念辨析［J］. 河北法学，2008（01）：59－61.

③ 周国文. 公民概念的历史维度及审视［J］. 天府新论，2007（02）：33－36.

④ 檀传宝，等. 公民教育引论［M］. 北京：人民出版社，2011：197.

身份意味着伴随有责任的自由身份”。①

国外有关公民（身份）的理解一直有两大主要理论流派：共和主义和自由主义，有学者对二者进行了比较：“①在公民身份的目的上，自由主义首要追求的是私人领域的个人自由，国家是个人自由的工具；而共和主义强调共同体中的自由，共和国优先于个体。②在公民身份的形式上，自由主义的公民身份建立在个人主义的基础上，仅仅将公民身份看成是一种法律地位；而共和主义则将公民的积极参与等责任和美德置于公民身份的核心地位，认为只有在具有公民美德的前提下才能获得真实的自由，具有明显的道德色彩。③在公民的角色活动方面，自由主义倡导一种消极公民的角色，好公民仅仅意味着纳税、不妨害他人等有限的标准；而共和主义则将关心国家大事，积极参与公共事务看作是理想公民的形象。④在公民身份的塑造方面，自由主义反对学校教育与教化可能对思想自由等权利的妨碍，以及强势的公民教育可能对家长和儿童教育选择权利的侵犯；而共和主义则强调教育、宗教、军事训练等对于公民形成具有重要的意义。”②

后来，在这两种理论基础上又产生了第三种理论——共和主义的自由主义和第四种理论——互动的社会模式，前一理论认为自由主义的权利观如果不被解释为自私自利的个人主义，就可以与共和主义传统形成某种嫁接；后一种理论认为，社会互动会促使人们认清权利和义务交织而成的社会网络并以此塑造自己的公民生活。

以上理论和观点，有一个共同点，就是都尽量避免狭隘地解读公民内涵。无论是从学科角度，还是从历史角度，以及从学术流派角度，都在努力打破界限的束缚。

公民的英文为 Citizen，为特定政治共同体的成员，并以在共同体中所享有的权利与义务关系作为公民身份（Citizenship）的内涵。因此，在当代，以国家为范围的公民及公民教育，与特定政体的维护有关。我们在谈论“国家公民教育”时，很难找出放诸四海而皆准的公民论述。不过，如果我们把注意力集中在各种类型国家都会提倡的公民教育重点上，还是可以发现某些共同的特点。这些特点包括：培养公民对自己国家历史文化的认同，使公民熟悉本国的政经法律制度，鼓励牺牲小我、完成大我的精神，积极参与政府所界定的公共事务，遵守国家法律并善尽义务，等等。落实到具体的教育制度上，我们通

---

① 檀传宝，等. 公民教育引论［M］. 北京：人民出版社，2011：205.

② ［英］布莱恩. 特纳. 公民身份与社会理论［M］. 郭忠华，等，译. 长春：吉林出版社，2007：“代译序”4－5，8－9.

常会看到渗透了本国历史文化、政治制度、基本宪政等内容的课程规划与设计。

笔者认为，公民概念是一个历史范畴，不同的历史阶段、不同的地域范围赋予其不同的内涵。期间不乏有影响力的学术理论。如今，我们处于全球化背景中，更处于世界以及自身历史长河中。公民的内涵，首先是一国公民，是国家发展到一定阶段以后由臣民地位上升为公民地位，如果不做这种国家阶段上的区分，那么就没有必要在国家进入现代意义阶段之后，更改臣民身份，这一点已经被世界历史证明。现代意义上的国家之所以比之前的国家形态先进就是因为它能够为公民提供更多的保障，赋予更多的权利，如自由是一切权利的基础，没有自由，道德上的自律也是无从谈起的。其次，公民是一个历史范畴，由臣民到公民，这其中既有社会形态的变化，也有人在地位上的根本变化，从不自由、不平等、不独立到自由、平等、独立，但这还不够，进入现代国家，人们不仅享有权利，还应履行义务，更应承担责任。责任与公民的不同社会身份密切相关，如家庭责任、社会责任和国家责任等，小到班级、社团，大到社区、国家、世界。公民与国家之间应是一种互相依存的关系。国家忠实于公民，公民忠诚于国家。脱离国家，公民没有历史归属感，没有民族自豪感，就像飘零的羽毛，不知归途；没有现代意义上的公民，就没有现代意义上的国家。最后，公民具有世界意义，全球化倡导世界公民。中国要在世界一体化进程中扮演重要角色，需要了解熟悉外国的历史、语言、经济、政治、军事、教育，等等，因此，公民概念还蕴含着适应国家融入世界一体化的身份要求，即社会主体在社区、国家、世界等不同层次的有责任的自由身份。

第二节 公民概念范畴的提出

以上对公民概念都不是在概括的抽象意义上探讨的，不同的概念有各自的特色和各自强调的重点。要将不同的公民概念作对比，必须要有一个能够让不同的公民概念的内容都可以得到表述并且可以相互进行比较的平台，使我们能通过这样的比较，去发现各个公民概念所表达的特点。值得一提的是，这样的比较是在抽象的、概念性的层面进行的，不涉及概念中那些范畴的具体内容。李治德认为公民概念包括以下四个主要范畴：

(1) 公民生活范畴，是指公民自己定义并追求共同目标的一种生活方式。

这个范畴表述了基本的社会价值观、个人与政府的政治关系等。

（2）政治行为范畴，主要包括公民的参政方式，包括选举权和政治参与权。因此，政治性公民关注的是在有关政治制度中的政治权利和职责。

（3）社会经济范畴，是指公民的社会性和经济性，也包含了国家应该对公民的经济权利予以保障。社会性公民关注的是社会中个人之间的关系和对诚实与团结的需要；经济性公民关注的是个人与劳动力市场和消费市场的关系。

（4）文化范畴，是指社会由于不断增长的文化差异而呈现出的整体风格。文化性公民的聚焦点是对大众文化遗产的关注，包括对认可的少数民族的集体权利的寻求、对人类尊严的尊重和对法律平等性的确定。

以上公民概念内容范畴的四个维度，同样也可以作为高职公民教育观范畴。高职院校的学生参与校园生活、校政和国家政治，又通过职业学习参与经济活动，了解企业文化等构成高职公民教育的主体架构。

第三节 公民教育

一、公民教育概述

国内研究公民教育的文献多出自普通高校，研究领域涉及公民教育课程、公民教育思想、公民教育观、公民教育体系、公民教育途径、公民道德教育等方面。这些研究成果中有相当部分基于同样的视角，就是将公民教育置于思政课教学领域探讨二者的不同之处、交叉重合之处以及改进建议。有学者从大学公民教育的缺失角度提出了大学公民教育体系的构建设想。亦有学者从哲学教育与公民教育、伦理学与公民观、宪政与公民教育、公民文化与公民教育等方面进行更深层次的分析研究。还有学者从臣民教育与公民教育的比较视角进行研究，对我国公民教育的实施提出了可行性建议。

黄崴、黄晓婷从哲学、法学、伦理学、政治学、社会学、心理学、全球化七个视野对21世纪前十年公民教育研究情况进行了综述，每种分类都可以作为一种公民教育定位。

国内关于公民教育实践研究的项目，特别值得一提的是南京市职教教研室于2010年牵头进行的“职业学校开展公民教育实践研究”，课题成果丰硕，教研室从公民教育是什么、公民教育为什么、公民教育怎么做和公民教育得到什么等方面进行了研究分析，从实践出发，总结凝练公民教育的成功做法，又反哺公民教育实践。研究对象既涉及中职，又涉及高职，将公民教育作为职业教育一种新的德育方式、课程方式、活动方式，为职业院校学生成人成才探索实践路径。

国外有关公民教育的研究很早，经典著述有：卢梭在《爱弥尔》中阐发了公民教育的进展历程，并说明“公民”作为教育的目的之所在；德国职业教育的奠基人之一凯兴斯泰纳的公民教育思想，强调通过个人的完善来实现为国家目标服务的目的，其公民教育思想紧紧围绕着德国统治阶级政治、经济的需要而为德意志帝国服务；洛克非常重视公民教育，认为它对国家的幸福与繁荣具有十分重要的意义。

当今发达国家亦非常重视公民教育和研究，如美国当代“新斯多葛学派”代表人物玛莎·纳斯鲍姆认为，教育的目标是培养“世界公民”，即具有世界意识、具备独立的思维能力并进行公民实践活动的人。“世界公民”教育思想对公民教育实践以及公民教育思想的发展都产生了重要影响。美国在1996年实施了公民教育实践研究——公民养成项目，其具体目标是帮助学生形成与掌握监督和影响公共政策的意识与能力。这一项目在国际上引起很大反响，并得到推广。教育部将此项目引入中国，江苏省成为这一项目先行者之一。为了培养合格的新一代俄罗斯公民，俄罗斯政府的公民实践研究是创建“公民教育空间”，即由学校、家庭、宗教组织、补充教育机构、青少年组织、社会研究机构、大众传媒等共同组成公民教育系统。这一举措既反映了俄罗斯公民教育实施主体与方式的多元化，也表征了俄罗斯公民教育正在走向全民参与的社会化进程。

公民教育是塑造公民的教育，是世界各国一直密切关注的重大教育问题。通过公民教育的实施，可以极大地提高公民的主体意识和对国家的责任感。一个国家的现代化程度是和它的公民教育水平紧密联系在一起的。我国的公民教育近年来也日益引起教育决策者、教育理论工作者和实践工作者的重视。人们逐渐认识到，公民教育与现代国家具有本质的必然联系，而并不为某个特定形态的国家制度所专有，它是任何国家走向现代化的一项基本建设。从整体上来看，我国的公民教育研究成果已经比较丰富，但还缺少系统理论研究，如高等职业教育中的公民教育问题；公民教育的时代特征；一国公民与世界公民的教育问题；公民教育制度的设计；公民教育内容体系之间的衔接等。随着中国国际地位和国际影响力的日益提高，国际交往的日益扩大，中国的公民教育成为一个极为紧迫的问题。

在公民教育的历史演绎中，由于公民的含义在不断变迁，所以公民教育也因为教育目标和内容的不同而不断嬗变，如早期公民教育较多强调学会选举等参政能力，而当代公民教育将视角扩展到和平教育、环境教育等领域。因此我们在讨论公民教育的时候，一个重要的方法论仍然是历史的辩证法。不考虑一个社会的历史发展诸多条件的、过于抽象的公民理想和公民教育只能是痴人说梦。

说起公民教育，与它的主语“公民”一样具有悠久的历史。现代意义上的公民教育是伴随着现代意义上公民的产生而兴起的。关于现代意义的公民教育概念尚无统一认识，姬振旗将学者们对公民教育的理解总结为四种观点：有人将公民教育视为道德教育，有人将公民教育视为成人教育，也有人将公民教育看成政治社会化，更有人将公民教育看成是中小学的一门学科。国外学者对此也莫衷一是，如英国学者科尔（Kerr. D.）提出了一个公民教育的分析框架，将公民教育的各种属性按其表现的强弱和充分与否的状态，组成一个相互关联的连续体，连续体的一端表示的是正规的或传统的公民教育的各种典型特征，可称之为对公民教育的最低限度的解释，与此相对应的是狭义的公民教育模式，以学校正规课程为轴心，注重向学生传授有关国家的历史、地理、政体和宪制等方面的知识，采用教师主导的传授式教学方式，较少关注师生间互动和发展学生的主动精神；另一端则更注重公民教育的广泛性和包容性，是对公民教育的最大限度的解释，与此相对应的是广义的公民教育，强调通过课内与课外、校内与校外、正规与非正规等一切途径，培养学生的公民知识与理解、态度与价值观、行为与能力等。

二、公民教育的目的

有学者基于塑造真正意义上的公民，认为公民教育的目的应该是：

（1）造就公民的教育，重点首先是全部学校生活的民主改造，次之才是专门公民教育课程的设计与设置。

（2）公民教育是由成人社会和学校共同组成的共同体，如果成人社会不具有公民属性，那么学校教育则因无法得到共同体的支持而徒劳无功；如果在学校接受公民教育，进社会后却不以公民原则实践，则学校的公民教育就没有意义。这样培养出的学生更无法面对公民终身生活，不符合终身教育的理念。

（3）通过公民（生活）的教育，在学校教育和制度安排上要有支持公民参与的机制，“在校园和社会公共生活的参与中，学生和社会成员都会在行动中理解公共问题的复杂性，进而培养其归属感、责任感以及谅解宽容等公民美德”。参与式学习的结果应该是“对有关关键概念（如民主与独裁、自由与秩序）有充分的了解，获得一定的人格素质（如关注公共道德、相信人的尊严与平等），获得必要的技巧与能力（如具有口头和书面表达合理观点的能力、合作以及与他人有成效地工作的能力等），对一些实践性课题有足够的知识与理解（如当下发生在地方、国家、欧盟、联邦和国际层次上的议题与事件、民主社会的性质、运作与变革）”。①

三、公民教育的层次和类型

有学者根据公民教育的目标进行分类，将公民教育分为三个不同的层次和类型：

（1）有关公民的教育。关注社会知识的传统说教表述，重点在如何为学生提供作为一个合格公民必须具备的知识上，如国家历史、政府结构、公民的特殊角色和义务等知识。

（2）通过公民教育，把着眼点放在公民的日常公共生活中的具体行为和实践上，通过参与学校和社会的活动来获得公民教育，有利于学生公民行为的养成。

（3）为了公民的教育。除了包括上两类层次的公民教育含义之外，还指发展他作为社会的公民，“还十分注重通过各种途径，在知识与理解、技能与态度、价值与性向等各个方面培养学生，使学生在未来的成人生活中能够真正履行公民的职责”。② 例如，理解和评价相关问题的能力、拥护社会进步的意向等。

有学者认为公民教育有广义与狭义之分。广义的公民教育就是“对公民群体的教育”；狭义的公民教育是指对提高社会成员担任公民角色的质量而进行的教育，公民的质量是国家执政和发展的基础。另有一种观点认为，广义的公民教育是现代教育，狭义的公民教育是指有关公民理念和行为的教育课程。

有人从公民教育的构成条件上来理解公民教育，即公民教育必须满足三个基本条件：以公民的独立人格为前提；以权利与义务的统一为基础；以合法性为底线。因此，在本质上，公民教育是主体性教育，权利与义务相统一是其基本的教育取向，而且是区别于“圣人教育”的“平民教育”。

还有学者主张公民教育的内涵还应包含世界公民教育。我们应摒弃孤立的国家立场来看待公民教育，立足于公民教育所具有的国际视野。全球化时代的

---

① 檀传宝，等．公民教育引论［M］．北京：人民出版社，2011：207．

② 姬振旗．公民教育概念辨析［J］．河北法学，2008（01）：59－61．

到来使得公民教育的研究具备了跳出原有的狭隘视野的可能，如何从全球化的视域来考察、把握和发展公民教育的内涵成为了一个全球性的时代课题。正是在这种情况下，世界公民的概念被提出。可以说，与世界公民相适应的世界公民教育能够在一定程度上扬弃和发展以国家、民族为中心的公民教育，这正是全球化背景下当代公民教育的最新发展趋势。

综合国内外学者对公民教育的看法，笔者认为当下的公民教育应不同于当下的思想政治教育。公民教育与思想政治教育是两个完全不同的概念。思想政治教育是一项教育实践活动，是社会或社会群体用一定的思想观念、政治观点、道德规范，对其成员施加有目的、有计划、有组织的影响，使他们形成符合一定社会所要求的思想品德的社会实践活动。其内容涉及思想意识、文化心理和行为模式等各个层面，主要任务是灌输社会主要思想意识和训导规范行为。它虽然涉及公民教育的内容，但与公民教育又有区别：思政教育的内容主要研究思想、政治、道德方面的问题，解决的是公民思想领域的政治问题和政治领域的思想问题，核心是理想信念和意识形态问题等；公民教育不限于这些内容，它几乎囊括了公民的思想、道德、文化、政治、法律、经济、职业、生活、社会、能力、身心等十几个方面的素质教育，解决的是个体公民的全面素质和全体公民的整体素质问题。思政教育强调服从，如个人对国家的服从，公民教育则强调公民要以权利和义务统一的法律主体去理解个人与国家、社会的关系和责任；思政教育以执政党的政治主张、价值观为主要取向；公民教育是以公民社会的要求为基本取向，兼顾执政党的政治主张。可以说，从“大教育”的角度讲，思想政治教育属于公民思想素质教育范畴，而公民思想素质教育则从属于公民教育的范畴。

公民教育的内涵应不同于道德教育。道德教育是指教育者按照一定社会或一定阶段的要求，有目的、有计划、有组织地对受教育者施以道德系统影响的活动，内容包括提高道德觉悟和认识，陶冶道德情感，锻炼道德意志，树立道德信念，培养道德品质，养成道德习惯等，以期把一定的社会思想和道德转化为个体的思想意识和道德品质的教育。道德教育与公民教育的内容虽然有交叉，但二者有明显的区别：①二者的目的不同。道德教育目的是培养人们良好的道德品质；公民教育目的是为国家培养良好的公民。②二者的内容范围不同。道德教育的内容主要是道德；公民教育既包含道德，还涉及社会政治生活的原则、规范、价值和态度。③二者的出发点不同。“道德教育是以应然的道德性为本的教育；公民教育则是以实然的合理性为本的教育①”。

① 姬振旗．公民教育概念辨析［J］．河北法学，2008（01）：59－61．

本书将公民教育置于高等职业教育视阈内。鉴于目前我国中小学教育体制、思想道德学习内容以及思想道德教育效果的实际，高职公民教育具有一定的补课性质，因此它更像是一个综合概念。它的维度依托于公民概念的维度而确定，即亦包括四个维度：公民生活、政治行为、社会经济和文化。但其内涵又不完全等同于公民概念，而有自身特色。高职公民教育是跨界的教育，它跨越学科、跨越领域；从教育体系看，高职公民教育又像是一项教育制度；从道德意义上看，高职公民教育是关于公民职业道德、职业伦理的教育；从教育对象看，高职公民教育的对象是被社会认为的“差生”；从教育方式看，高职公民教育是一种以实践为取向的公民教育；从文化发展角度看，高职公民教育是一种以职业文化为主的文化教育。

第三章　高等职业教育的功能

职业教育源于学徒制，发展动因是工业化和教育大众化，其教育过程注重“手脑并用”“从做中学”“教、学、做合一”，属于技术型教学体系。虽然普通高校、成人学校和普通中学也可以举办职业教育，但学科型教学体系很难做到学校教育和职业训练两者的有效结合。因此，各国发展职业教育的主流都是开办专门的职业教育院校和培训机构。在地域上，职业教育也具有一定的不可替代性。一个地方的高级人才可以引进，也有部分职业技术人才通过异地流动来满足需要，但是，如果技术型技能型人才需求量大，则主要靠本地区培养。实践证明，无论哪个国家、哪个地方、哪个行业，只要有对技术技能型人才的需求，就必须发展职业教育；无论谁，只要想成为技术技能型人才，就必须接受职业教育。由于人的社会地位竞争现象的客观存在，人们普遍追求高层次的优质教育。而在我国，职业教育的主要任务是培养技术技能型人才，这些人才在社会阶层中大多处于中低社会阶层，导致人们重普通教育，轻职业教育，重学术，轻技术，使职业教育处于发展的弱势地位。鉴于职业教育在促进经济发展、消除贫困、保持社会稳定和可持续发展等方面的特殊作用，各国政府在工业化过程中一般将职业教育置于教育事业发展的战略重要地位。

功能是指事物本体具有的内在特性以及作用于客体所表现出来的功效与能力。职业教育功能是指职业教育内部诸要素的本质联系以及与其他社会系统（政治、经济、文化等）相互作用的结果反映。国内关于高等职业教育功能的研究，归纳起来有如下功能。

第一节　高等职业教育促进人的全面发展功能

（1）职业教育作为社会系统中的一个有机组成部分，在其发展过程中受到政治、经济、文化等其他社会系统的制约，同时也反作用于其他子系统。从本质上说，是人的需要决定了经济、文化、政治，决定了包括职业教育在内的教育等。从这个角度看，一切政治的、经济的、文化的和社会的发展都是为了满足人自身更好地发展，即以人为本，把人的发展视为发展的本质、目的和标志，人的全面发展才是社会发展的最高准则和终极目标。高等职业教育自然也不例外，其本质功能无疑应该是促进人的全面发展。

（2）在一定意义上说，高等职业教育是人们谋生和谋求个性发展的有效途径。通常高等职业教育是在学生中学毕业后进行，对个体从青春期到成年期的转变，从新手到专家的转变是有帮助的，还能帮助人们实现从学校到技术技能工作岗位的转变。高等职业教育给予人们以支持与帮助，帮助他们获得接受更高层次教育或者说接受专门化职业培训所需要的机会。从这方面看，职业教育能增强人们的自尊以及对自己能力的自信。选择高等职业教育，可以为公民从满足低层次的生存需要，到为满足自我发展、自我价值实现的较高层次的需要，创造可持续发展的基础，同时强烈的动机必然转化为行动的动力，促使他们参与社会实践的积极性、主动性和创造性的提高，对社会的进步和发展产生巨大的促进作用。

（3）通过职业教育，习得知识与技能，提高了劳动生产率，生产更多的物质财富，为人的全面发展创造了条件。相对于普通教育，职业教育的技术技能性、面向实践性特征显著。无论是学历职业教育还是职业培训，受教育者都能获得不同程度的能力提升并在生产活动中产生增值效应，进而提高劳动生产率，创造更多的物质财富。据一项对我国汽车工厂的实证研究表明，受过职业教育的工人的生产率要比仅受过一般教育的工人高6% ~11% 。只有生产出日益丰富的物质生活资料，才能使人摆脱贫困状态，满足物质生活需要，并在此基础上追求精神层面的享受和自由个性的发展。

（4）高职的校企合作、工学结合办学模式和学习模式非常符合高职生的智力特征。高职学生的智力特征不是以逻辑思维而是以形象思维为主的，他们对知识获取的指向性也不同，而目前高等职业学校的学生大部分正是这样的类型。或者说，这样的人正是适合接受职业教育的受教育者，是高等职业教育给了这些人才发挥潜能的机会与舞台。他们可能成不了爱因斯坦，也成不了钱学森、华罗庚，但却可以操纵最复杂的机器，制作最漂亮的衣服，烹制最可口的饭菜，同样可以成为社会的栋梁之才。可以说，高等职业教育促进了这类人的全面发展，体现了“有教无类”“因材施教”的理念，保证了教育公平。

（5）职业教育最能体现教育与生产劳动相结合的原则，是人的全面发展的根本途径和重要方法。这样既可以使职业教育获得科学实践的基础，使感性认识和理性认识、理论和实践结合起来，提高教育质量；又可以使生产劳动受到科学原理和智力活动的指导，广泛地运用教育和科技发展的成果，进而促进社会生产力的提高，推动社会物质生产的发展，并最终促进人的全面发展。

（6）职业教育本质上是一种终身教育，职业教育的终身化有利于人的全面发展。由于高等职业教育直接面向职业，而现代社会的发展从根本上改变了职业的形态，社会职业的变迁出现了前所未有的动荡、分化与重组，传统的职业种类消亡和迁移方兴未艾，新的职业种类层出不穷。人们从事职业的变迁同样也在加快。要适应如此频繁的职业变迁，接受再教育，掌握不同的知识和技能，进行终身学习成为必需，而正是在这样的过程中，个体的潜能得到发挥，适应不同岗位、不同职业、不同要求的能力得到提高，并在此过程中实现人的全面发展。

第二节 高等职业教育促进经济发展功能

职业教育具有经济功能几乎是公认的，但不同的学者对其经济功能有着不同的认识。

（1）高等职业教育的经济功能主要表现在其为经济发展创造了必要的基础条件，它是人力资本投资的一种重要形式。人力资本理论认为，劳动者如果受到更多更好的教育，获得更多的知识和技能，那么就会在生产过程中提高劳动生产率，进而促进经济社会的增长。因此，通过职业教育，可以提高从业者的工作熟练程度、技术等级、敬业精神和责任感，增加员工人力资本的技术技能存量，提高物质资本的使用率，提高劳动生产率，提高私人收益和社会收益。人们对职业教育的重视程度与经济发展水平成正比。适当的职业指导，能将不同能力倾向、兴趣、爱好的人导向相应的职业岗位，使个性特征与社会需要相结合，充分发挥人的潜能，从而提高劳动力的配置效益，促进经济的发展。目前，我国高等职业院校主动对接产业，培养大批紧缺人才解决企业生产技术难题，有效地化解了制约中小微企业发展的人才和技术瓶颈问题，成为中小微企业产业集聚发展的助推器。

（2）高等职业教育为经济与科技相结合提供了桥梁和纽带，为经济腾飞

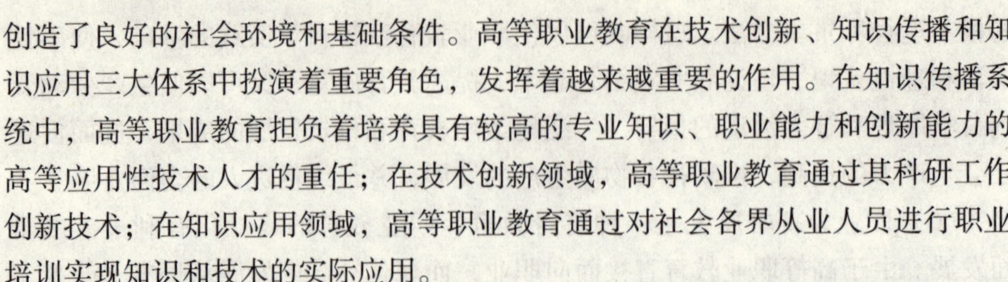

创造了良好的社会环境和基础条件。高等职业教育在技术创新、知识传播和知识应用三大体系中扮演着重要角色，发挥着越来越重要的作用。在知识传播系统中，高等职业教育担负着培养具有较高的专业知识、职业能力和创新能力的高等应用性技术人才的重任；在技术创新领域，高等职业教育通过其科研工作创新技术；在知识应用领域，高等职业教育通过对社会各界从业人员进行职业培训实现知识和技术的实际应用。

（3）高等职业教育在国家加快转方式、调结构、促升级的过程中发挥重大作用。“十一五”以来，职业院校累计为国家输送近8 000万名毕业生，成为我国中高级技术技能人才的主要来源。以加工制造、高速铁路、城市轨道交通、民航、现代物流、电子商务、旅游服务、信息服务等行业为例，近年来一线新增从业人员，职业院校毕业生占七成以上。

第三节　高等职业教育促进政治发展功能

作为一种社会现象和社会的上层建筑，政治出现在产生阶级对立和产生国家的时候，并总是直接或间接地同国家相联系。职业教育作为教育的一种类型，与政治之间的关系是决定与被决定的关系，即政治决定着职业教育，同时职业教育通过一定的方式反作用于政治。

一、高等职业教育巩固和发展着社会政治关系

职业教育能够使未来成员认同、服从并适应社会的政治关系格局，还可以通过培养一定的政治人才，使现存的政治关系格局得到巩固。通过高等职业教育，提高公民的政治竞争意识与政治参与能力，增强其民主观念和法制观念，而社会政治质量的提高对社会政治稳定和发展具有重要意义。通过对学生爱岗敬业、无私奉献、吃苦耐劳等优秀品质的培养，学生在参与社会实践活动过程中会对社会产生积极的影响。高等职业教育的政治功能还表现在遵循正确的政治方向，在培养人才的过程中，不仅向学生传授理论知识、专业知识和职业技能，同时培育和践行社会主义核心价值观，弘扬劳动光荣、技能宝贵、创造伟大的时代风尚；教育学生运用辩证唯物主义的立场、观点和方法认识客观世

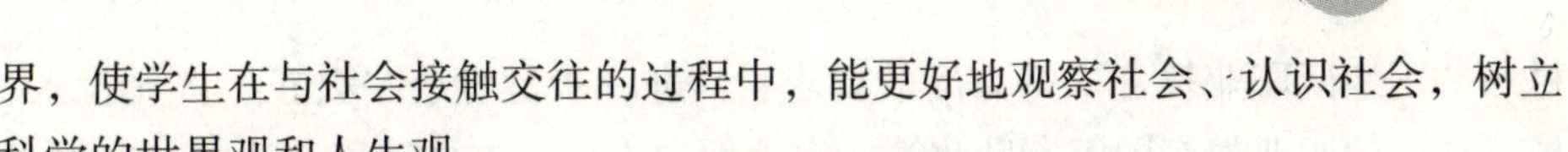

界，使学生在与社会接触交往的过程中，能更好地观察社会、认识社会，树立科学的世界观和人生观。

二、高等职业教育能有效促进公平

（1）现代职业教育体系——“成才立交桥”的构建为教育公平提供了体系和机会保障。一般来讲，教育公平是国家对教育资源进行配置时的规范或原则。它规范着教育权利或机会，监督着教育过程，更对教育效果有着保障作用。体系构成整体优势，既提高了办学效益，又为劳动者创造了适应社会分工、分业要求而进行职业转换的条件。《国务院关于加快发展现代职业教育的决定》从教育改革全局的高度，强调“系统培养，多样成才”，指出要“加强普职沟通，为学生多样化选择、多路径成才搭建‘立交桥’。‘成才立交桥’建设的有效性明显地体现为每个学生是否都能享有均等的在桥上行走的机会，而教育公平将为‘成才立交桥’的使用提供规范支持”。

（2）在高职院校内部，致力于教育公平的实践轨迹日渐清晰。从最初满怀热情地强调学生的技术技能的学习开始向注重生涯教育转变，建立在技术主义认识基础上的，诸如“企业需要什么样的人，职业学校就培养什么样的人”的过分强调技术的观念已经不再是指导职业学校办学的至尊理念。从关注技术、技能养成训练向关注学生综合素养提升的转变充分说明，教育起点的公平已经过渡到教育过程的公平。职业教育由最初实施就业教育向实创业教育转变本身就是教育走向公平的最直接体现方式。

（3）学习是所有人的权利，而不是精英阶层的特权，这意味着必须保障全体人民群众享有平等地获得学习的机会。对于有某种困难或有特殊需要的群体，就要提供特别的关注和支持，从而抑制或抵消社会的不平等，促进社会的公平、和谐。在这一方面，《国务院关于加快发展现代职业教育的决定》中有一些明确的表述，比如“建立有利于全体劳动者接受职业教育和培训的灵活学习制度，服务全民学习、终身学习，推进学习型社会建设”；“坚持学校教育和职业培训并举”；“面向未升学初高中毕业生、残疾人、失业人员等群体广泛开展职业教育和培训”；“推进农民继续教育工程，加强涉农专业、课程和教材建设，创新农学结合模式”；“利用职业院校资源广泛开展职工教育培训”。这些要求很好地体现了职业教育面向人人、关注弱势群体和特殊群体的理念。非常值得一提的是，《国务院关于加快发展现代职业教育的决定》从职业教育面向人人、关注弱势群体的理念出发，提出了完善资助政策和加大对农村和贫困地区职业教育支持力度的要求："进一步健全公平公正、多元投入、规范高效的职业教育国家资助政策；完善面向农民、农村转移劳动力、在职职工、失业人员、残疾人、退伍士兵等接受职业教育和培训的资助补贴政策，积极推行以直补个人为主的支付办法。"提出积极发展现代农业职业教育，建立公益性农民培养培训制度，大力培养新型职业农民，以及加强民族地区职业教育改善民族地区职业院校办学条件等要求。

（4）实现了教育代际向上流动，对于国家和民族的未来有着重要的意义。2011 年实现近 300 万家庭高等教育"零"突破。从全日制学生数量统计来看，2011 年全国高等职业学校毕业生 329 万人，在校生总数达 960 万。麦可思调查数据显示，88.1% 的 2011 届高职毕业生为家庭第一代大学生，并且连续三届稳定在这一比例。按照此比例推算，近三年高等职业教育为全国近千万家庭实现了高等教育学历"零"的突破。在"家门口上大学"使更多青年接受高等教育。贫困地区和民族地区的学生由于经济等方面因素的影响，往往更期望在不需要远离本土的条件下就能够接受高等教育，而大量设置在地级甚至县级城市的高职院校布局给他们提供了这种机会。对于贫困地区、西部地区、民族地区的老百姓来说，高职院校不但帮助他们的孩子圆了"大学梦"，还能够在自己的"家门口"读书。所以，从满足弱势家庭与贫困地区的高等教育需求来说，高等职业教育是我国高等教育不可或缺的重要组成部分，也是和谐社会建设的一个重要支撑。

第四节　高等职业教育促进文化发展功能

（1）保存、传播文化的功能。职业教育能够选择、复制、保存和传递已有文化，包括丰富先进的科学技术文化、敬岗爱业的职业道德文化、职业伦理文化等。我国的高等职业教育为适应社会现实发展需要，不断增设融汇新知识的专业和课程，使新知识、新信息和新技术得以传递。同时，高等职业教育还进行各种职业培训活动，面向社会开展各类培训与职业教育，开展多种形式的咨询服务，使知识和文化以高等职业教育为媒介向社会传播和推广。

（2）创新文化功能。创新文化是自主创新能力的灵魂，是使学生实现从拥有技术到具备能力、从获取知识到提高修养以致个性的转变。某种程度上讲，在传承的基础上创新文化也是对包括职业教育在内的教育的本质要求，尤其是对于兼具职业性与高等性的高等职业教育来说，文化创新更是责无旁贷。高等职业教育在进行教学活动、传播知识的同时，科研工作是其另一项重要职责。

(3) 文化交流功能。教育在沟通世界各国和不同地区的横向联系，在文化知识的交流、传递和互相影响上表现出突出的作用。近年来，我国高等职业教育开展了多方位、多层次、多类型的国际交流和协作活动，通过学术研讨、合作开发、互访交流、联合办学等多种方式，实现了先进文化和知识在国际范围的交流、协作与共享。

第五节　高等职业教育促进社会发展功能

(1) 社会发展功能。提高全民族科学文化素质是促进社会发展的关键所在，而大力发展高等职业教育，是我国提高全民族科学文化素质的重要途径。高等职业教育是面向人人的平民教育，它能促使无业者有业，有业者乐业。它能消除贫困，保持社会稳定，防止社会失调。在许多国家，高等职业教育承担的是一项社会任务，接纳谋生艰难的学生。在澳大利亚，职业教育被认为是那些被排除在正规教育门外的人或者说是在以前接受教育的过程中表现不太出色的人的第二次机会。因此可以认为：高等职业教育是造福人们的崇高事业。目前，我国的高等职业教育已占据了高等教育的半壁江山，充分显示了高等职业教育促进社会发展功能的巨大作用。

(2) 社会服务功能。高等职业教育是一种以就业为导向的教育，经过高等职业教育的人员将直接进入社会就业领域，从事社会实践活动。我国社会发展、产业结构变化和经济快速发展所需求的专门人才，不仅表现为数量上的不足，而且还表现在人才类型上也存在诸多不适应现实需要的问题。高等职业教育针对区域生产与服务第一线的岗位需要，以能力培养为中心，注重理论知识的转化和实践能力的开发，对我国在区域差别较大、发展程度各异、技术水平不等的社会状况，实现地方因地制宜发展是十分有益的，这样不仅满足了区域发展对人才的直接要求，而且可以充分实现高等职业教育的社会服务功能。

(3) 社会稳定功能。社会稳定是社会发展的基本前提之一。从世界范围看，由于生产结构的变化等原因，失业现象在各个国家不同程度地存在，由此产生了大量社会问题，对世界各国的政治、经济和社会秩序造成了巨大的威胁。城市中大量无法实现就业的人口，会导致贫富分化加剧，居民生活水平下降，社会秩序混乱，犯罪率提高等一系列社会问题的出现，使社会不安定因素增加，给社会稳定造成严重威胁。高等职业教育通过职业技能培训，可以为大量知识和技能结构不适应新环境需要的下岗人员和农村外出务工人员提供服务，提高他们的技能和水平，增加个人的发展机会，这在一定程度上为增加未就业人员的就业机会创造了条件，可以缓解就业压力，缓和社会矛盾，维护社会稳定。

高等职业教育与人类社会发展的经济、政治、社会和文化具有内在的联系，并在高等职业教育活动中发挥作用。高等职业教育对人类社会功能的实现是通过对人的培养和影响实现的，而高等职业教育对人的培养又是以社会需要为导向的，两方面功能的协调发展是未来我国高等职业教育的发展方向。

第四章 职业教育与公民教育

第一节 人与职业

人是职业的主体，职业是人社会化的载体之一，人的社会化的主要表现就是职业化，就是获得一份相对稳定的工作。缺乏人的参与的职业是一个空壳，也是不可能存在的；而没有职业的人，在现代社会也就失去了发展的可能。两者相互依存，彼此是对方赖以存在的基础。职业因为人的参与而存在、更新、发展；人因为拥有了职业而有了发展进步的可能，进而不断走向完善。使人与职业关系得到和谐发展的一个重要的因素就是职业教育的参与。职业教育，从某种意义上来说，贯穿了整个人类社会存在和发展的始终，伴随着社会的发展和社会分工的进步，职业教育在人的生涯发展中的地位也越来越重要。如果我们把人、职业、职业教育放到历史大背景下就不难理解这一点了。从培养目标的定位来看，职业教育是为想要成为技术技能型人才提供的一种教育服务，培养这类人才的目的就是适应当今社会生产所提供的大量技术技能型岗位（职业）。随着社会的发展、进步，岗位、职业对人的要求不断变化，伴随着新职业的诞生，一些职业消失，职业对人的要求不断提高，职业教育内容不断更新，促成了人的不断发展、进步。由此可见，职业教育的终极目标就是不断地平衡与发展人与职业的关系。

对于“人与职业的关系”这一命题，还可以进一步从以下三个方面继续探讨。

一、人与职业，究竟谁为本

在职业教育中，人与职业到底谁为第一性？职业教育的主要目的在于培养适合一定职业（岗位）需要的人才。社会上需要什么人才就培养什么人才，定位于“以就业为导向”。这种定位让我们不得不产生这样一种疑虑：职业教育是以人为本还是以职业为本？是着眼于人的发展还是职业的需求？虽然有人认为在当今社会，人的发展归根结底就是职业的发展，两者在某种意义上来说并不冲突。但是，随着社会的发展，职业的分化越来越细，一项工作被分解为几个小的部分，相应的职业教育也被细分成按工作种类而进行，这虽然适应了当今社会经济发展和社会分工的需要，却又使职业教育陷入纯粹为培养人的技能这一陷阱。它的危险在于职业教育不是根据人的需要而设置专业，而是单纯地以满足某一职业的要求为目的，人成为满足职业要求的工具。

我们的社会是人的社会，一切人的一切关系组合到一起就是社会。无论社会如何进步，如何发展，最终都应该体现在人的发展之上，社会的发展，归根结底是人的发展，这应该是一切社会活动的出发点与归宿。如果职业教育不能很好地体现“以人为本”这一发展基础的话，那就无疑会被指责为太过于功利主义，忽视人的天性，无视教育的根本目的。在当前，虽然我们把现阶段的职业教育定义为一种教育服务，但我们或多或少地在职业教育当中看到了人为职业服务的倾向。

“以人为本”的职业教育，不仅要考虑职业对人才规格的需求，更为重要的是还应该对人的进步和发展进行充分考虑。人在接受职业教育之后的结果，一方面要具备一定职业所需的技术技能；另一方面也是更重要的，他必须在职业道德、基本素质（包括文化、艺术、科学素质）、可持续发展能力等方面得到发展，不仅需要专业技能，更需要一种人文情怀。如果缺失这些方面的教育就意味着教育的失败，也就意味着人的教育过程的失败。职业教育的理想是培养职业人，而且这个“职业人”必须是全面发展的。虽然人在职业教育过程之外同样可以接受到诸如基本素质的培养与训练，但是并不等于学校教育可以省略这些方面的内容。整个教育的过程要求在注重职业素质要求的同时，将人的整个生涯发展考虑进去，着眼于人的全面发展，将人的发展与职业需求结合起来。但是职业教育实践中，在对职业技能教育重视的同时，不可避免地在某种程度上会忽略对人的其他方面素质的重视。很好地处理协调“人本位”和“职业本位”两者的关系将是职业教育永远的难题。全面发展的“职业人”是一种理想，职业与人两者间的矛盾不可能得到一个完美的解决，这一矛盾将长期存在于职业教育的理论与实践当中。

二、职业教育能改变人的社会地位吗

社会学认为人的地位取决于三个因素：权力、财富、声望。但是有学者在实证研究中发现，权力、财富和声望无法为一个人自由操纵。实际上，在现代社会中，职业在很大程度上就反映出一个人的权力、财富和声望。探讨人与职业关系，需要把人的社会化内容——社会地位引入作为讨论的切入点，这主要是因为职业教育对人的职业地位的影响和改变。高等职业教育对高等教育的大众化、普及化的贡献是有目共睹的。接受职业教育的人占我国总人口的比重很大。从整体上看，他们受教育的程度都比较低，所占有的社会资源也相当少（无论是文化资源、经济资源、组织资源），他们要改变自己的地位，首先要从改变经济地位开始，而改变经济地位只能通过职业地位的改变来实现。举一个非常明显的例子，中国持续了十多年的民工潮，就很生动地说明了一部分农民在职业流动之后成为了城市建设者，他们的职业地位比农业劳动者相对更高，这样一来就能吸引一部分农村人口流动到城市，寻求职业发展机遇。

作为一个社会人，每一个人的基本诉求就是对地位的需求，也就是社会对自己的认可度的争取，这种认可度很大程度就是职业地位的认可。从这一层意义上来说，一个人的职业就决定了一个人的地位。在现代社会，人进行社会活动的主要场所就是职场。一个现代人的职业环境、职业声望、职业活动范围和性质等方面与他的社会表现紧密联系，并对各个方面产生影响。在这里人与职业又呈现了另一种不同的关系形态。

许多职业教育研究专家都强调职业教育大众性这一特征，对于中国现阶段的社会大众来说，改变职业，从而改变经济地位，改变社会地位，一条根本可行的途径就是接受不同形式的职业教育。我们看到，当前许多农民转移到城市之后，通过一些途径找到工作，改变自己的职业，改善自己的地位。所以，如何用一种切实可行的途径，尽可能地提高这部分民众的职业地位，从而达到经济地位和社会地位的提升，是职业教育理论与实践工作者需要不断思考、不断探索的问题。又因为这部分人口在中国所占比例之大（约占全国社会阶层结构中的76.4%），因此成为职业教育兴旺发达和持续生命力之所在。

三、人与职业（岗位）能匹配吗

为什么会出现职业教育？职业教育在理论上的合理性与合法性在哪里？答案就是因为人与职业的不平衡性、不协调性，因为不能真正地达到人职匹配，不能真正地在出现某一职业时很快就有充足的人才来从事这一职业，才会有对职业教育的需求。职业教育的存在基础就在于人与职业的关系总是需要追求最大限度的和谐与满足，而这种和谐与满足又永远可望而不可即。纯粹的“人职匹配”是一种理想状态，没有可能使培养的人才与某个职业（岗位）在各个方面都能完美地“无缝对接”，最大的可能就是各个方面基本达到要求。有可能的只能是一种人与职业之间的一种平衡状态，人在职业所要求的某些方面有些欠缺，但另外一些方面却又有优势呈现。这样一来，人基本满足了职业的要求，职业也达到了人的需求，这就是人与职业的一种基本平衡的状态。随着社会发展，职业更新和新职业出现的频率越来越快，人必须即时学习以适应职业发展的需要；而如果职业中出现不利于人的发展的因素，也应该对自身作出某些调整。

从职业教育的发展历程来看，广义的职业教育最初产生于出现社会分工的原始社会，社会分化出不同类型的职业（并非真正意义上的职业，而是某类谋生的本领或者技能，如捕鱼、打猎、采集），人们需要生存、繁衍、延续所必须获得的生存技能，这就意味着前人所积累的经验要通过教育传递，下一代人又在前人的基础上发展技能，后来发展到师傅带徒弟，传授各种手艺。直到工业革命爆发，出现机器大生产，为适应这种对产业工人的需求，以学校教育为主要形式的职业教育发展起来。纵观整个职业教育的发展史，我们可以很明显地体会到人与职业之间的不平衡性对职业教育的催生作用，一方面是人需要生存，必须具备一定的生存技能和职业技能；另一方面，职业需要合适的人才来满足。正是由于人与职业这对矛盾的永恒存在，互相冲突，互相牵制，才会有职业教育的存在价值。我们现在对人与职业关系通过职业教育所做的种种平衡工作都只是暂时性的。可能一时达到某种平衡，然后两者又会逐渐失衡，继而诱发职业教育新的生长点。

第二节　职业教育

一、职业教育的定义

职业是社会分工的产物，为适应社会分工的需要，远在古代就出现了职业教育的萌芽，并经历了漫长的孕育和发展过程。

什么是职业教育？时代不同，所指有所不同。职业教育作为人类社会活动的一种存在，有着历史存在和现实存在之分。在历史长河中，人类经历了原始社会、农业社会、工业社会、知识社会的变迁，教育和职业教育都发生过许多重大变化。古代职业教育的形式是学徒制。现代职业教育作为一类教育现象，产生于18世纪末欧洲对技术技能人才的需求，是工业化的产物。

无论是教科书还是辞典，无论国内还是国际，对于“职业教育”至今都没有定论。

联合国教科文组织对职业教育的界定是不断变化和发展的。

1962年，联合国教科文组织成员国一致通过的《关于技术与职业教育的建议》指出：职业教育是由学校或其他教育机构提供的旨在为工业、农业、商业和相关的服务业等领域提供人才准备的所有教育形式。职业教育分成技术工人层次的教育、技术员层次的教育、工程师或工艺师层次的教育。

1974年又修订了这个建议，职业教育内涵发生了变化：职业教育是作为一个涉及教育过程方面的综合术语来使用的，除了普通教育外，还包括技术和相关学科的学习，以及与经济和社会生活各部门的职业有关的实际技能、态度、理解力和知识。进一步理解为：普通教育的一个组成部分；为某一职业领域做准备的一种手段；继续教育的一个方面。

2001年再次修订了《关于技术与职业教育的建议》，职业教育的内涵更加丰富：普通教育的一个组成部分；准备进入某一就业领域以及有效加入职业的一种手段；终身学习的一个方面以及成为负责任的公民的一种准备；有利于环境的可持续发展的一种手段；促进消除贫困的一种方法。至此，职业教育与公民教育关联起来。

国内词典一般从教育目的和教育内容两个角度对职业教育做出界定。《教育大辞典》认为，职业教育是培养各层次的技术人员、管理人员、技术工人和其他城乡劳动者的教育。[①]《中国大百科全书·教育》把职业教育定义为给予学生从事某种职业或生产劳动所需要的知识和技能的教育。[②]

学者们对职业教育的定义更为丰富。有学者认为至少可以从以下四个角度来定义：

（1）认识论。把职业教育看作是一种具有特殊知识的领域，是需要特殊的认知与学习方式的教育，即通过实践的方式来获得实践知识及相关理论知识的教育。

（2）目的论。把职业教育看作是为工作做准备的教育。

（3）等级论。把职业教育看作是在职业等级、教育程度和认知水平上处于相对较低等级的教育。

（4）实用主义论。把职业教育看作是以工作所需要的实用知识与技能为

---

① 顾明远．教育大辞典（第3卷）［M］．上海：上海教育出版社，1991：227.

② 中国大百科全书·教育（第3卷）［M］．北京：中国大百科全书出版社，1985：520.

内容的教育。

随着技术理论、智能化水平的提高，等级论遭到广泛批判，人们普遍期望赋予职业教育与学术教育同等的地位。

二、职业教育的特征

列举特征是明确概念内涵的另一个常用方法。有学者通过与普通教育相比，列举出职业教育的特征有：

（1）定向性。职业教育是定向于特定职业或职业群的教育，即使是职业教育中的普通文化教育，也要体现一定的职业性。职业教育的最终目的不是教育过程本身，而是学生能否在今后的工作中获得成功。

（2）适应性。职业教育是为了适应特定区域、特定职业的需要而开发和实施的。适应社会需要培养应用型、操作型人才是职业教育的根本任务，职业教育必须适应社会需要而不断变化。

（3）昂贵性。职业教育的实施不仅需要铅笔和纸张，还可能需要厂房、面粉、钢铁、木材、化肥等，需要设备的购置、维修及更新，需要水、电、暖气的供应，需要往返实验基地……这些都需要经费，因此职业教育的成本很高。

（4）实践性。职业教育的目标是培养各类应用型、操作型人才，因此实践性是其课程的重要特征。

（5）社会性。强调只有扎根于社会的各职业领域，与企业形成紧密的合作关系，才能办好职业教育。

（6）大众性。职业教育具有服务或面向社会大众群体的固有特性，联合国教科文组织于1999年在首尔召开的“第二届国际技术与职业教育大会”上提出“全民职业教育”思想，就充分体现了这一特性。

三、理解职业教育的几个要点

我们还可以从以下六个要点来理解职业教育：

（1）职业教育是教育的一种类型，在我国和绝大多数国家，与基础教育、高等教育并存。它们既相互联系，又相互区别。

（2）职业教育是培养技术技能型职业人才的，而不承担培养所有职业人才的任务，避免了职业教育与本科教育、研究生教育的重叠。

（3）职业教育是一种服务业，为想要成为技术技能人才的人提供教育或学习服务。

(4) 职业教育是培养人才的，在一定普通教育的基础上进行。文盲无法直接接受现代职业教育而成为技术技能型人才。

(5) 职业教育具有层次性，有初等、中等、高等之分，是培养技术应用型、技能型两大类人才，因而也把培养技术型人才叫作技术教育，把培养技能型人才叫职业教育，故职业教育又称技术和职业教育、技术职业教育、职业技术教育。

(6) 为想要成为技术技能型人才的人提供的服务，可以是职前的教育，也可以是职后的培训。

为了更好地理解职业教育，徐国庆从职业、工作、技术三个角度对职业教育的本质进行了解读。他认为，在职业视野中，经济学意义的职业意味着工作，意味着谋生手段，意味着创造社会财富的途径，通过职业，劳动力与经济资源得以结合，并创造社会财富。社会学意义的职业被理解为地位，即在社会活动中所形成的模式化的人群关系，不同的职业由于所处的社会地位不同，形成了职业分层，这是社会分层的重要基础。

在工作视野中，理解职业教育的本质需要把握以下两点：

(1) 工作过程首先是一个社会过程。工作过程是在特定的职业载体中进行的，而职业不仅包含职业内部不同个体之间的人群关系，而且包含不同职业之间的人群关系，个体只有很好地进入某个工作的社会过程，才能很好地进行操作过程，个体既要具备团队合作、工作纪律等观念，还必须具备工作组织中多数成员所具备的价值观念和文化知识。

(2) 工作过程遵循任务逻辑。任务是工作过程的基本构成要素，工作过程是由单件任务构成的链接，而不是由知识点构成的链接。

在技术视野中，从根本意义上说，技术是一个过程、一种活动，而不仅仅是某一孤立的、静态的物体要素。技术虽然不仅仅包括人、机器、工具以及其他技术产品，还包括技术过程、技术操作和技术程序等要素，但起主导作用的只能是人，是人的知识、能力与技能。只有人才使这些静态、孤立的要素成为动态的、相互有机联系的要素，从而产生现实的技术。由于本质上把技术定义为一种活动，那么它就不能没有经验知识和技能。科学是无法直接与实践发生联系的，它必须以经验为桥梁。

职业教育作为一种制度真正确立下来并得到广泛而迅速的发展，是大工业的产物，它标志着职业教育进入了一个新的时代。始于18世纪60年代的英国产业革命，席卷欧美，大机器生产代替传统的手工生产。为适应生产发展的要求，杜威认为“这就需要一种教育，使工人了解他们职业的科学的和社会的基础，以及他们职业的意义”，那时“这种教育的需要变得非常迫切，因为没有这种教育，工人就不可避免地降低到成为他们所操作的机器的附属品的角色”。“从前的教育在名称上不叫职业教育，实际上是职业的性质。”工业革命催生了职业学校，并赋予了现代意义上的职业新的内涵，“职业是一个表示连续性的具体名词，它既包括专业性的和事务性的职业，也包括任何一种艺术能力、特殊的科学能力以及有效的公民品德的发展”，因此要进行改造，“这种改造标志着一种社会，其中人人都应从事一种职业，使别人的生活更有价值，更能认识联结人们的纽带，打破人与人之间的隔阂。这种改造意味着一种事态，每个人对他的工作的兴趣不是勉强的，而是明智的，即每个人的工作都是和自已的能力倾向志趣相投的”。[①] 不言而喻，这是一种理想的社会状况，实现这种改革的成败，决定于我们是否采用可以实现这种改革的教育方法。

我国现代职业教育的奠基人黄炎培从个人与社会两个角度阐释了什么是职业以及职业教育：从对人生观理解的角度，他认为用劳力或劳心换取生活需求的日常工作，就是职业；而启发人们通过劳力来开发个人的知和能（知识和技能），开发地力和物力，进而理解个人与群体的关系，或者启发人们通过养成相当程度的知和能进而取得工作，这就是职业教育。从理解时代要求的角度，他认为社会一切问题的中心是人类，人类的生活有需求与供给，有用途和来源，他们的种种方式演进成种种制度，此种制度即成为职业。与此同时，“自社会生活方式采用分工制，求工作效能的增进与工作者天性、天才的认识与浚发，进而与其工作适合，于是乎有职业教育”[②]。黄炎培巧妙地将个人生计问题演进为社会问题，揭示了职业教育担负着为国家和民族培养专业技术人才的使命。

第三节 职业教育与公民教育的关系

高等职业教育是我国现代职业教育体系的重要组成部分，探讨高职公民教育必须先探讨职业教育与公民教育的关系。职业教育从它产生那天起就与经济

---

① ［美］杜威．民主主义与教育［M］．王承绥，译．北京：人民教育出版社，1990：330，328，323，332.

② 米静．中国职业教育史研究［M］．上海：上海教育出版社，2009：215.

有着密切的联系，不仅要能够提供公民所需要的工作、家庭和社会生活相融合的能力，而且告诉学生只有在工作领域增进了解，增加经历，才能成长为一个有责任心的、具有批判精神的公民。

历史地分析，公民教育是在以学徒制为传统的职业教育与正规教育并轨之后越来越凸显其重要性的。明确提出职业教育要注重培养公民素质的是杜威，“当一个人的工作对特定的雇主负责，而不是对终极的雇主即社会负责时，才承认他的工作是职业”，这是一种狭隘的认识，“一个人利用时间和才能担负社会的职责，现在比过去更受一般人承认了”①。他警示世人不重视公民教育将产生严重后果，他认为“把职业教育在理论和实践方面解释为工艺教育；作为获得将来专门职业的技术效率的手段”，这是很危险的，这样，“教育将变成原封不动地永远延续社会现有工业秩序的工具，而不是改革这种工业秩序的手段”。②

关于职业教育，在许多国家，由于职业教育拥有公民教育的特征，职业教育被认为是为成为公民所做准备的教育。如荷兰职业教育与培训体制基本就是公民教育，它成为生产劳动力（工人、行业工人等）变为公民的一种途径，“职业教育与培训几乎没有单独的实践环节，它总是与个人发展有关，帮助某人实现从一个受限的行业中得到不断提升”，因而具备了职业身份特征，“有了职业身份就拥有了社会、道德和经济地位”，“一位职业工人不仅拥有技术，还拥有与其公民身份相关的态度、价值和技能，包括领导力和对环境的敏感性。职业有自己的价值和传统，这不仅包括技术美德，如工作自豪感、认真仔细、好奇和追求完美，也包括职业美德，如诚实、喜欢与人交往，乐于协作及关心同事和公共事务”。③ 这些因获取职业身份和地位而拥有的特质，兼具职业教育与公民教育的双重效果。

国外研究职业教育与公民教育关系的人士当中，德国著名的教育家——乔治·凯兴斯泰纳是颇具影响力的一位，“他将国家的需要作为公民教育的出发点，以培育有用的公民为落脚点；将教育与生产劳动、职业技术相结合，倡导联系生活实践”，他认为“实施公民教育的最佳方法是实行劳作教育”，“公民教育首先要以集体的实践劳动为基础才是有益的，道德教育、道德品格的塑造要更重于智力的培养”，并且只能通过“服务他人的愉快劳动”得以实现。他还认为“要获得国家意识并达到为国家尽义务的目的，必须从事某种具体的

---

①② ［美］杜威. 民主主义与教育［M］. 王承绫，译. 北京：人民教育出版社，1990：329，332.

③ ［英］琳达·克拉克，克里斯托弗·温奇. 职业教育：国际策略、发展与制度［M］. 翟海魂，译. 北京：外语教学与研究出版社，2011：10，153.

职业。在学校通过共同劳动活动，学生不仅能够形成从事某种职业的能力，还能具备国家所要求达到的道德品质和道德情操，增强集体观念和爱国主义情怀”。[①] 劳作教育是凯兴斯泰纳公民教育思想的现实基础，也是其教育实践的重要内容。他提出国家公立学校的目的也是一切教育的目的，是教育“有用的国家公民”，“有用的国家公民”需要具备以下条件：①具有关于国家职责的知识，了解国家的任务；②具有从事某种职业的能力，能够按照个人的特长在国家系统中充分发挥作用；③具备公民的品德，热爱祖国，愿为国家服务。[②] 凯兴斯泰纳还举例说明何谓有用的国家公民：一个人在集体生活中，在工作岗位上，不付出任何劳动，却享受国家的恩惠，这个人不但不是一个有用的国家公民，而且是不道德的。一个人根本承担不了直接或间接对实现国家目标有利的任意一项工作，那他就不可能被认为是对国家有用的公民。凯兴斯泰纳的公民教育思想，对于本书研究高职公民教育具有重要的理论支撑作用。

职业教育要提供的是民主国家公民所需要能够与他们的工作、家庭和社会生活相融合的能力。学生应该在工作领域了解和经历些什么才能做好准备成长为一个有责任心的、具有批判精神的公民？就职业而言，职业入门恰当实施时，就是涉及理论、实践和道德知识、判断力、可塑造及发展个人性格的全部经历，它是为有意义、高要求的生活做准备的，因此从事职业本身完全可以称为一种教育经历。国外经验告诉我们，教育以一种直接的方式培养公民有效参与公共生活的责任感和能力。如果高职院校忽视学生的道德教育和公民责任感的培养，就容易从公共产品转向私人产品。

在我国，提出公民教育与职业教育并重的首推黄炎培，他针对当时将职业教育视为仅仅是培训技艺的“吃饭”教育，鲜明提出“仅仅教学生职业，而于精神的陶冶全不注意，把一种很好的教育变成器械的教育，一些儿没有自动的习惯和共同的修养。这种教育，顶好的结果，不过是造成一种改良的艺徒，绝不能造成良善的公民”。[③]，并指出职业教育要注意“培养德性，养成健康人格，俾将来成为良善之公民”，要求学生在四个方面发展作为现代职业人、现代公民必须具备的品质：高尚纯洁的人格、博爱互助的精神、侠义勇敢的气概、刻苦耐劳的习惯。[④]

---

① 焦敏．论乔治·凯兴斯泰纳公民教育思想及启示［J］．教育教学论坛，2014，23：147－148．

② 马立志．凯兴斯泰纳公民教育思想浅析［J］．科学大众（科学教育）．2012（05）：145．

③ 黄炎培．学生自治号发行的旨趣．黄炎培教育文选编［M］．上海：上海教育出版社，1985：84．

④ 米静．中国职业教育史研究［M］．上海：上海教育出版社，2009：225．

我国现代职业教育是面向人人、面向社会的教育，是服务经济社会发展需要，面向经济社会发展和生产服务一线，培养高素质劳动者和技术技能人才并促进全体劳动者可持续职业发展的教育类型。根据《现代职业教育体系建设规划》，现代职业教育是按照终身教育的理念，是为了人从事某一职业以及职业转换而进行的教育，它可以从初等职业教育贯穿到高等教育，乃至职业继续教育，基本上贯穿人的一生，是终身职业教育体系。而公民教育是对具有本国国籍的人进行的提供公民素养和公民能力（如民主法治、政治参与、敬业守信、精益求精等）方面的教育，从公民身份的终身性上说，公民教育也贯穿人的一生。两个贯穿人生的教育在公民个体身上实现了重合。在这一意义上，谈公民教育，一定要在职业教育的过程中进行；谈职业教育，一定要将公民教育渗透其中。

我们的职业教育虽说以立德树人为根本，但是满足经济发展的需要仍然是主导目的，而培养具有批判性、社会责任感和自我反省能力等素养的公民从未成为明示的目的。由于学校管理者关注的是如何培养训练有素的专业人才，以适应经济社会发展需要，现行的思想政治教育和德育又无法令学生关心政治，所以有人说，高职院校开始逐渐变为提供就业帮助的训练营。如果我们的职业教育误导了学生，吞下恶果的终将是整个国家。相反，如果我们若教会学生准确自如地表达思想、清晰地思考、严密地分析问题、富有道德感、对国家大事敏感而有见地，社会将受益无穷。

受思想政治教育传统的影响，我国真正重视公民教育的高职院校为数很少，这一现象已经影响到了高职学生公民责任感的发展。总的说来，无论教育者还是学生都没有意识到，高职院校是可以为学生应对社会或全球社会所出现的一些重大社会问题提供帮助的。在可以预见的未来，在我国的中小学教育还不足以培养称职的公民的情况下，占据高等教育半壁江山的高职院校在这方面将起到举足轻重的作用。同时，亦要牢记高等教育服务大众的根本目的，避免将高等职业教育变为纯粹服务经济发展的工具，通过客观的自省，找到合适的发展路径，将我们的高等职业教育办学水平提升到一个新的高度。

高职院校承担着职业教育和公民教育的两项社会职责，一方面职业教育是要把学生培养成具有熟练技能的社会劳动者；另一方面公民教育就是在学生成为技能人才之前培养塑造学生的公民品质和公共精神，使其成为有所担当的社会责任人。职业教育是高职院校教学水平的量尺，而公民教育则是高职院校的核心根本所在。如果培养的是一个无社会责任感的技能人才，那么对经济发展、社会进步将会起副作用。

第五章 高职开展公民教育的基本认识问题

第一节 在高等职业教育中开展公民教育的合理性

公民教育是世界各国共同关注的课题，是人类社会进步的助推剂。大量的现实警示我们，影响社会进步的一个重要因素是国民素质。在综合的国民素质中，最需要关注的是公民素质，不仅是政治的发展，经济的和科技文化的发展也受到它的影响。由于缺乏公民主题教育，公众的角色意识里欠缺公民角色，因此在学生的字典里还没有公民责任感和公民能力等词语。

目前，高等职业教育定位人才培养目标是技术技能型人才，育人是其主要功能之一，所培养的人才除了掌握必要的技术技能外，还应具备合格公民素质，即参与社会、政治生活的能力以及参与社会、政治生活所运用的方法都能满足国家对于一个公民的基本要求。目前，我国各级各类的正规教育体系中，鲜有开展以公民教育为主题的教育活动，更没有开设公民教育为主题的课程。高等职业教育作为高等教育的一个类型，亦是如此。

一、在高等职业教育中开展公民教育的政策依据

关于公民教育，在国家法律和党的重要文件中多次被提出。1982 年，我国的宪法修正案首次明确提出要培养社会主义公民意识。1986 年，中共中央第十二届六中全会通过《关于社会主义精神文明建设指导方针的决议》，强调："要在全体人民中坚持不懈地普及法律常识，增强社会主义公民意识。"2001 年 9 月，中共中央颁布《公民道德建设实施纲要》，提出"努力提高公民道德素质，促进人的全面发展，培养一代又一代有理想、有道德、有文化、有纪律的社会主义公民"的教育指导思想；2007 年 10 月，中国共产党的十七大

报告第一次把“加强公民意识教育，树立社会主义民主法治、自由平等、公平正义理念”作为党的执政要务；2010 年 7 月，《国家中长期教育改革和发展规划纲要（2010—2020 年）》中更进一步提出合格公民概念，“加强公民意识教育，树立社会主义民主法治、自由平等、公平正义理念，培养社会主义合格公民”；2011 年 10 月，中国共产党第十七届中央委员会第六次全体会议通过的《中共中央关于深化文化体制改革 推动社会主义文化大发展大繁荣若干重大问题的决定》，将“培育有理想、有道德、有文化、有纪律的社会主义公民”确立为深化文化体制改革必须遵循的重要方针之一；2012 年 11 月，党的十八大报告要求“加快推进社会主义民主政治制度化、规范化、程序化，从各层次各领域扩大公民有序政治参与，实现国家各项工作法治化”，首次在行动教育层面提出扩大公民有序政治参与，实现法治化。2014 年 10 月，党的十八届四中全会报告要求“拓宽公民有序参与立法的途径……依法保障公民权利”，以更加具体的方式提出了公民参与政治、保障人权的目标。以上 8 个法律和政策文件之间具有连续性，说明党中央以及国务院非常关注我国国民的公民素质，在报告中有关公民教育的要求也不断升级，足以证明公民教育非常重要。

二、在高等职业教育中开展公民教育的理论依据

1. 高等职业教育与公民主题教育在目的上具有高度一致性

高等职业教育与公民主题教育的根本目的都是培养社会进步需要的合格公民。公民教育是为了使公民具备参与公共事务所需的各种素质和能力，如准确自如地表达思想、清晰地思考、富有道德感、对公共事务有见地、具有批判性思维和技能等。时下，信息通讯、数字化技术发展迅猛，技术、经济和社会正步入以人为中心的时代，复杂工作任务对职业能力提出了新的更高要求，新知识正发挥着改变人类生活方式及其质量的决定性作用，获取这些新知识本身亦意味着在过程中获取专业交流、多技能、以顾客为导向和团队能力等过程性能力，而这些能力成为公民或现代企业员工的重要能力。对于企业而言，企业管理由垂直结构向扁平结构转变，执行工作任务更需要借助智能终端，企业员工不仅要具备岗位胜任能力，还要主动参与劳动组织架构，具备解决问题和自我管理能力，能对新的不可预见的情况作出独立判断和灵活反应。原有的职业分类渐渐模糊，代之的是职业性知识和职业能力更加鲜明的新职业。对于个人而言，一个人已不可能一辈子只从事某一种职业，更换职业成为常态。高等职业教育需因势而变，丰富培养目标内涵，不仅为经济发展培养大量的高端技能型

人才，还应为社会发展培养高素质的公民，培养的学生不仅具有专业能力，还具有作为公民能力和职业人能力的重要组成部分的社会能力和方法能力（如组织管理、交流、团队、灵活应变等能力），才能满足国家对于公民素质不断提升的要求。教育实践证明，职业教育正以一种直接的、特有的方式培养公民的责任感和能力。高等职业教育与公民教育可以有机结合、互相促进，以培养具有文化知识的积淀、诚信的人格品质、积极的职业态度、正确的做事方法、能很好地履行公民责任的合格公民。

2. 高职学生诉求与高等职业教育的诉求具有基本一致性

国家开展职业教育不仅是为了公民赖以存在的组织——国家的发展，更是为本国公民的职业成长，体现本国公民的自身价值诉求。就目前高等职业教育的教育主体而言，提高以获取综合职业能力为表征的高职人才培养质量是三方的责任，既是政府的责任、高职院校本身的责任，更是培养对象——学生的责任，单方面或两方面倡导提高人才培养质量，不能从根本上达到提高的目的。因此，在民主法治的语境下，突出强调学生的公民主体资格，让学生重新认识自己，激发高职学生的公民主体责任、权利意识，从学生身份转换为公民身份，从利益的享有者转变为权利义务的统一者和责任的担当者，从根本上变被动的学习为主动的学习。公民权利的践行、提高公民个体素质的诉求是内因，政府、学校履责，提高办学质量的诉求是外因，只有真正发挥内因的决定性作用，才能真正提高高职办学质量。高等职业教育与公民教育互相依存，二者相得益彰。

3. 高等职业教育是公民社会化进程的关键阶段

“人的社会化，是指个体通过学习掌握社会生活知识、技能和规范，适应社会环境，取得社会成员资格，发展自己的社会性过程。[①]” 高等职业教育是在经济社会发展过程中诞生的一种新型教育，植根于公民的社会化进程中。根据社会学中的社会化理论，人的社会化就是要考察和解决有助于把人推到一定社会结构中充任角色的条件和机制，最终结果就是要培养出符合社会要求的社会成员，使其在社会生活中承担起特定的责任、权利和义务。高等职业教育是大多数人完成社会化的关键阶段，知识结构在双重角色中整合建构，公民角色与职业人角色在社会化进程中发生重合，职业教育担当了公民生涯发展的第一步，不仅为学生自己而且为世界的未来规划设计，因此高等职业教育的目标应遵循设计导向的思

① 赵克荣. 论人的现代化与人的社会化［J］. 社会科学研究，2011（01）：97－99.

想，即不仅仅是获取综合职业能力，还包含更高更深层次的公民和职业人“本着对社会和生态负责的态度参与设计工作世界的能力”。① 高等职业教育只有在公民社会化进程中发挥关键作用，才能适应当今正在经历的深刻变革。

4. 公民的现代化对高等职业教育和公民教育提出了同样要求

“人的现代化，是指与现代社会相联系的人的素质的普遍提高和全面发展，包括人的思维方式、价值观念、生活方式和行为方式由‘传统人’向‘现代人’的转变。”② 公民的现代化是现代教育区别于传统教育的根本所在，公民教育是现代化的本质体现。中外教育发展史证明，受哲学二元论影响，现实被区分为脑力与体力、理论与实践、高等职业与低等职业等二元世界。在教育体制中则表现为学术教育与职业教育的二元分离。“这种教育制度，一端是完全脱离实际的纯粹学术教育，一端是纯粹的狭隘的职业训练，二者都难以满足现代社会对教育的要求。”③

在以物质为基础的工业经济时代，学科型教育和职业培训有其存在的合理性，但是随着以知识和信息的生产、分配和使用为基础的知识经济时代的到来，随着技术发展和劳动生产组织方式变革带来的工作性质的革命性变化，作为支撑工业经济的教育理论——斯尼登的效率主义和行为主义逐渐暴露出了缺陷，知识经济学和建构主义逐渐显现出时代优势。为了适应经济社会的深刻变化，公民主题教育内容应更具开放性；职业教育的指导思想由“就业导向”调整为“就业创业”导向甚至是“设计导向”，学生不仅要掌握职业能力，还需要掌握参与设计未来世界的能力。若要从根本上实现公民的现代化，就必须以具有经济属性的职业教育为平台，借助高职院校的高等性，公民教育、高等职业教育方能与知识经济时代同步发展。

5. 终身教育是公民教育和高等职业教育的共同理念

根据终身学习理论和现代职业教育理念，职业教育和公民教育都是终身教育的重要组成部分。社会需要的多样的、多层次性，决定了职业教育必须具有较高的灵活性，以满足社会在学历与非学历、短期培训与中长期培训、现场学习与网络自主学习等方面的形式多样的需求。公民素质的不断提升是综合教育、全民教育和终身教育的结果，公民教育的形式多种多样，内容丰富，主体

---

① 费利克斯·劳耐尔，赵志群. 职业能力与职业能力测评［M］. 北京：清华大学出版社，2010：29.

② 赵克荣. 论人的现代化与人的社会化［J］. 社会科学研究，2011 (01)：97-99.

③ 贾晓莉. 新职业主义产生的背景及其理论框架［J］. 职教论坛，2008 (05)：57-58.

多元。二者共同的灵活性和终身性决定了在高职院校尤其适宜开展灵活多样的公民主题教育活动。公民教育应跨学科地覆盖所有专业课程，跨时空地覆盖人的终身，利用一切可以利用的机会，无论在专业教育领域还是在社会培训领域，每个学科和场所都能激发人们对政治和社会重大议题的思考，都能提出公民社会本质的话题，这对于提升公民能力和增强公民责任感大有裨益。

三、在高等职业教育中开展公民教育的法理分析

（1）劳动作为人的一项基本人权，不应仅仅理解为人的一种谋生的手段或生存条件，而应理解为人类生存本身，即劳动具有人类本体论的意义。我国《宪法》第四十二条将劳动规定为公民的权利和义务。早在 1948 年《世界人权宣言》第 23 条第 1 款就明确规定了："人人有权工作，自由选择职业，享受公正和合适的工作条件，并享受免于失业的保障。"据此法理，失业问题首先是一个社会问题，其次才是个人问题。高等职业教育是面向大众的教育，以就业为导向，就是为了解决就业这一严峻的社会问题。但是，要避免将高等职业教育变为纯粹服务经济发展的工具，因为从目的与手段关系的角度分析，高等职业教育是公民主题教育的手段之一，这两者的关系，不能反转，因为反转的结果会使公民主题教育变成了手段，会导致为了功利而不择手段的利用公民的一切资源，甚至生命。

（2）人人具有对知识的平等建构权及话语权，平等地获得和习得个体知识。职业能力在经历了行为主义导向的任务技能观和整体主义导向的关键能力观之后，目前已进入了建构主义导向的整合能力观的阶段。职业行动知识与能力及职业中的话语权只有在职业行动中才能实现，这是公民自由平等权利的基本体现。虽然不同的职业表明从事不同职业的人在劳动技能、劳动资格以及社会地位上存在差异，但职业的差异不等于人格的差异。职业教育就是以人为本的教育，是消除观念上人格差异的教育。如果说人类没有比用劳动来表达人们自己的人格尊严、才能、成就等更好的表达方式，那么，职业行动能力的培养就是公民个体从生物人成长为职业人的最好过渡形式。

知识经济时代，对公民的现代化提出了更加明确的要求，即公民的现代化不是抽象意义上的人格独立和权利主体确立的过程，而是职业人格独立和职业人权主体确立的过程。如果说现代教育是培养独立、平等人格与主体性的重要途径，那么在体现知识经济时代特征的高等职业教育中开展公民主题教育就是培养现代公民的有效途径。

第二节　在高等职业教育中开展公民教育的必要性

1. 高职学生群体特点要求实施公民教育

高职学生年龄一般在 18 岁左右，世界观、人生观、价值观正在形成，对社会、对公民角色尚没有明确的认识。但他们思想活跃，对社会变化敏感，接受新鲜事物快，转型期影响他们的思想观念、价值观念的社会因素增多。相对于升入普通高校的学生而言，高职生学习能力较低、自律性不强，通常被认为是高考群体中的差生，他们关注娱乐新闻，对政治几乎不闻不问，行为习惯不良。因此，高职生更加需要接受一定的教育指导，在教育实践中学会自我判断、自我控制、自我抉择、自我发展，公民教育则是进行这一教育指导和实践的最佳选择。

2. 功利型的职业教育亟须实施公民教育

“以就业为导向”“以能力为本位”“为经济社会服务”等职业教育办学理念及目标追求，在引领职业教育不断向前发展的同时，也将部分师生的认识引入了一个误区，关注教书，忽视育人，教师只需传授专业知识和技能，学生只要能顺利实现就业，即意味着双方完成了各自的教学任务和学习任务。高职学生普遍重视专业课而忽视公共课的学习，对必要的公共性活动兴趣不大。这对于实现高等教育的育人目标极为不利。有针对性的实施公民教育成为当前高职教育中实现育人目标的最佳突破口。

3. 高职思政课的困境迫切要求实施公民教育

高职院校中实施的思政课以思想品德课和思想政治教育课为主，同时包括有限的实践。其内容主要包括意识形态知识、党和政府的各项方针政策，目的是使学生接受或强化某一意识形态，培养社会主义接班人。思政课存在目标定位较高、远离实际生活和不易与实际生活联系起来等缺陷，内容空泛，教师教得无味，学生学得乏味，课程实际上沦为毕业门槛。大多数学生对思政课抱着一种无奈的心态。走出困境，提高实效性，是一项迫切需要解决的问题。高职学生作为现代社会的公民，本应掌握参与社会公共生活和经济生活的基本知识和技能，具有现代公民意识。因此，对学生进行有针对性的较为系统的公民教育，是高等职业教育育人目标的题中应有之意。

4. 高职思政课内容体系的设计需要以公民教育为主线

从开设的课程看，高职没有开设独立系统的公民教育课程，以“两课”等代替公民教育，只有很少内容涉及作为现代社会公民应具备的基本知识，范围狭窄，对高职学生形成系统的现代公民知识、技能和思维缺乏课程内容支持，不利于学生综合公民素质和公民能力的养成，距离真正意义上的现代公民仍有较大差距。世界上的一些发达国家，一般都建立了比较完善的学校公民教育体系，有明确的教育目的和宗旨、详细可行的教育内容和实施方案。我国正处于迈向现代化的历史进程中，作为培养技术技能人才的高职院校应对学生实施系统的公民教育。

5. 高职思政实践课体系需要以公民教育实践为设计依据

高职思政实践形式化比较严重，效果甚微。目前，在高职院校中开展的一些具有公民教育意义的活动类型和数量还不能完全满足促进学生公民水平提高的要求；活动形式较为简单，形式化倾向严重，很难延伸到学生日常生活和行为习惯中；没有从系统、科学、有利于学生吸收和掌握的角度去组织和管理。学生认为参加活动就是完成学习任务，在学习任务的驱使下敷衍了事，教育效果并不明显。

6. 高职学生的失信行为需要公民教育

高职院校学生处于由私人社会向公共社会转型的关键时期，身心特点决定了他们容易受外界影响，对是与非、对与错、美与丑及外来文化等鉴别标准认识混乱，判断能力较弱。对于上课迟到、早退、旷课、考试作弊、毕业材料作假等失信行为不以为然，甚至还认为如果没有其中之一，那就没有上过大学。这些应该引起教育工作者的高度重视。另外，高职学生从小生活在较宽松的氛围中，他们过分关注自己应享有的权利，而忽视自己对国家、社会、家庭、他人应尽的义务，面对就业竞争压力、复杂的人际关系等，表现出茫然困惑，逃避甚至发生冲突。

7. 培养完整的“技术人”需要公民教育

公民教育追求的就是造就有公共伦理、敢担当的社会人。而高职院校培养的是面向社会的“高素质技术技能人才”，其基本逻辑在于技术伦理。同为社会人，两者的交集汇聚于社会责任。当前，在职业技术教育领域存在着严重的技术主义和功利主义的价值取向，按照人文主义教育观和现代技术观来看，这种教育是一种“不完整”的教育，也不能培养出现代意义上的完整的“技术人”。所谓完整的“技术人”应当不仅掌握技术知识和能力，同时应具有技术的思想和方法以及技术态度和情感。当然完整的“技术人”不是这四个方面的简单叠加，而是相互联系、相互影响，形成一个综合性、整体性的素养结构。技术知识是基础，技术能力是核心，技术思想和方法是灵魂，技术态度和情感则影响着整体的导向。由此看来，如果仅仅掌握技术的知识和能力，缺乏对技术进行多元性的思考，我们培养的学生将很难有效的、负责任的应对技术变革。

第三节　高职公民教育定位

随着全球化的深入，越来越多的政府意识到公民教育的重要性和紧迫性。公民教育对于提高公民素质，提升国力，加强国际合作等方方面面都有不可替代的作用。在这个信息化、知识经济、多元、开放的时代，怎样定位高职公民教育才是有意义的？

思维方式是一把钥匙，决定了我们能否看清事物的本质，决定了我们能否找到出路。思维方式是人们大脑活动的内在程式，它对人们的言行起着决定性作用。思维方式与哲学传统密切相关，学者们常常用辩证思维来描述东方人，如中国人的思维方式，用逻辑思维或者分析思维来描述西方人，如欧美人的思维方式。本书无意研究哲学问题，希望在模糊边界的思维方式上，以务实致用为目的综合吸收多位学者的观点，为高职公民教育定位设计一个思维框架。

1. 高职公民教育定位应具有整体性思维

高等职业教育是国民教育序列中的高等教育，教育对象以成人为主。随着我国现代职业教育体系的建立，高等职业教育又与普通教育体系、继续教育体系以及职业教育体系衔接。在现代职业教育体系中，高等职业教育具有承上启下、横向架桥的作用。从规模上看，2013 年，高职在校生人数 973.6 万，占普通本专科在校生人数的 39.5%。从年龄上看，绝大多数属于刚刚步入成年之人，可塑性强。从就业取向看，高职学生对我国经济发展具有人才支撑作用。在现代职业教育体系内，他们是学生，是准职业人，走出体系，他们是职业人，更是社会人，除了会用技术技能谋生，更应懂得作为社会人、作为公民应承担的责任。

2. 高职公民教育定位应具有全球化思维

“全球化”一词源自于经济学领域，如经济一体化。后来这一语词逐渐跨越了经济学的范畴而走向其他领域，于是有了政治全球化、文化全球化等提法。这样，“全球化”一词就具有了多重意义。其实，全球化也不是一个新现象，1848 年马克思在《共产党宣言》中就指出全球市场，将世界统一为一个单一竞争市场。此后的 160 多年，世界一直在这一进程中。全球化，为我们提供了一个研究当代中国教育以及公民教育的重要维度。王啸认为全球化时代中国公民教育应定位于在多样性基础上发现共性，在民族发展基础上克服文化自大或自卑，理解和尊重差异，也理解和尊重人类共性。公民作为权利主体的基本特征有：自由、平等、独立以及充分介入社会合作的公共参与。因此公民教育，就是通过教育生成具有以权利、责任和义务意识为主的公民意识、公民资格和公民行为能力的人，全球化时代公民教育的新内涵就是培养具有类主体或共主体意识的世界公民。我们在强调全球化思维的时候，不能忽略本土化思维的意义。公民教育的本土化信念与全球化信念之间并不是相互抵触的，它应该是我们的立足点，这是不言而喻的。需要理顺的是怎样把国民的本国身份认同感与对一个更为广泛的国际环境的归属感相互联结在一起。如今越来越多的人坚信，本土性与全球性既是一体的，也是共时的。所以，有一种观点认为，尽管在教育全球化与教育本土化之间存在着“普遍性”与“特殊性”的矛盾，但就其所展现的“现代性”特质来说，公民教育的全球化与本土化是一块金币的两面：它们互为表里，缺一不可。

3. 高职公民教育定位应具有文化融合思维

这一思维是全球化思维的继续。文化具有普遍性与多元性特点，普遍性是对话的基础，在基本生存问题上有着天然的共通性。不同人类群体在道德信条和实践上有着跨文化的相似性，如作为全球伦理（Global Ethic）或普世伦理的四不可规则——不可杀人、不可偷窃、不可撒谎、不可奸淫，以及关系到实现人的本质和尊严的那些权利，如人身自由，思想、信仰和表达自由，避免匮乏和恐惧的权利以及对平等的要求，就具有跨文化的普遍性。公民教育应该也必须把这些内容传播开来，以促进人类的和平、自由和社会正义，引领人类走上一条可持续发展的道路。多元性是对话的必要性体现，意味着有选择的机会，是世界发展的动力之一。一个消除了多元性的世界是无法想象的。多元意

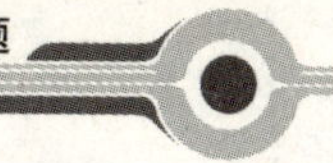

味着差异，是需要尊重的。如果人类文化只有差异而没有共性，只有特殊性而没有普遍性，这样的世界将四分五裂、冲突不断，随时会毁灭。差异与共性并存是世界运行模式，需要人们具有文化融合的思维。以中国的民主法治建设为例，有人质疑，民主、法治是中国传统中没有的，在中国搞民主、法治能成功吗？以民主、法治为核心思想的公民教育是否可行？这是一个传统与现实的关系问题。回顾改革开放给中国带来的变化，如市场经济、一体化等，这些在中国历史上是没有的。还有就是民主政治的进步，如领导干部选拔体制的变化、政府服务角色的变化、责任政府概念的提出、政府透明、法治政府、人权、公民有序政治参与等。我们虽然没有民主法治的传统，但是我们可以从现在开始创造新的传统，让它以政治文化的形式传承下去。当然，我们也可以跨越地域概念，放眼人类文化，我们的民主法治是融合世界上不同文化的传统。那种非此即彼的思维方式，即要么中国的传统，要么外国的传统，已经不适合文化融合的发展趋势，应予摒弃。

4. 高职公民教育定位应具有现代化思维

全球化的核心在于现代性。什么是全球化？简单地说就是通过“历史向世界历史的转变”而形成的，全球化的历史展开过程，也就是现代性不断彰显的过程。在此意义上，“现代性构成全球化的内在规定，而全球化则不过是现代性的表现形式”。[①] 研究全球化其实就是研究现代性。而在全球化视域内考察教育就是研究教育的“现代性”。在中国走向现代化国家的路程里，公民身份的觉醒与长成是最重要的脉线之一，也是中国现代化的必经之路，似乎也正在印证一句话：“公民智，则中国智；公民强，则中国强。”有一种观点认为，“从根本上讲，教育是关于公民的教育”，是有一定道理的，这是因为，一种文化现象，其独有的特质在于教育的发生不能脱离它所处的时代背景，时代特质植根于教育中，塑造了具有时代特质的人。与现代社会相适应的教育就是公民教育，而带有现代社会特质的人就是公民。教育的作用就是通过它所培养出的代际人，创造出代际文化，并以此推动社会的前进和人类的进步；现代社会通过它所培养的代际人——公民，推动现代社会向前发展，并赋予新社会以新的内涵。

5. 高职公民教育定位应具有人文主义社会发展观

全球化为公民教育提供了一种前所未有的更大可能性和新的空间。“全球

---

① 何中华. 现代性·全球化·全球性问题［J］. 哲学研究，2000（11）：17－23.

化首先是一种全球互存的生活方式和地球生命的进化形式，是个体意识、精神、态度、思想、信仰和行为的再现代化过程，而教育正是通过促进‘意识进化’或‘精神变革’来为全球化做出不可替代的贡献”，“在当代，这种以人为目的、以人为本位的人文主义社会发展观不仅正在越来越明显地改变着人们对社会进步的评价标准，越来越影响着人们的价值意识和社会行为模式，而且对于当代教育的走向也具有重大的影响”。① 这种现代性品质就是指市场经济、民主政治、工具理性和价值理性。人是目的，而“人是目的”构成了现代性最核心的价值原则和目标。为此，政府“要承担这样的责任：使每位公民有意义地拥有少量的过自由选择生活所必需的基本商品。当这些条件满足时，公民一定会承担他们自由选择的代价……包容，而不是把平等当作基本目标”。②

6. 高职公民教育定位应具有本土化思维

中国，无论从人类文明史还是从世界影响力，无论从国土面积还是从人口数量，在世界都具有举足轻重的地位。谈公民教育，不能脱离有着辉煌与沉重的中国历史，不能脱离复杂的民族关系，不能脱离锐意改革与传统惯性之间的博弈事实，不能脱离国人公民角色意识还不能完全适应现代民主政治的基本事实，不能脱离多元化带给国人的茫然、纠结的心理状态等，这些都是我们不能忽视的。所有这些都与中国的文化传统密切相关。高职公民教育应植根于本土文化，照搬西方文化传统会造成水土不服。而我们的文化传统博大精深，很难用三言两语进行概括，因为在文化传统中既有各民族的文化传统，也有宗教的文化传统；既有地方文化传统，也有国家层面的文化传统。这里就最基本的特征来说，我国文化传统可以概括为以下几方面：

（1）重伦理。中国传统文化最重要的社会根基就是以血缘关系为纽带的宗法制度，由家庭到家族，家族集合为宗族，宗族组成社会，进而构成国家。家国同构的宗法制度，在很大程度上决定了中国的社会政治结构及其意识形态，是形成中国传统文化重伦理的根本原因。伦理思想融汇在中国传统的哲学、政治、历史、文学、教育思想中，形成中国传统文化最显著的特征。

（2）重和谐。在人与自然的关系上，中国古代的思想家提出了全面而辩证的“天人协调”观点。在人与人的关系上，主张“大同理想”和“中庸之

---

① 王啸，邹丕振．“现代性”的教育学话语：在全球化与本土化之间［J］．江苏大学学报（高教研究版），2004（01）：16－21．

② ［英］琳达·克拉克，克里斯托弗·温奇．职业教育：国际策略、发展与制度［M］．翟海魂，译．北京：外语教学与研究出版社，2011：170．

道”，把大同中庸作为处理民族之间、邦国之间关系的根本原则，强调以道德修养和教化为本，以治理好自己的家园为前提，以此感化其他的民族和邦国，以达到“协和万邦”的理想。这是中国爱好和平的优良传统。

（3）重稳定。中国文化是一种典型的农耕文化，几千年来，农业文明简单重复的生产节奏与整个国家政治、经济、文化生活的节奏息息相通，决定了中国文化具有注重实际、追求稳定的特点。绝大部分的中国人都向往安居乐业，能委曲求全，顾全大局，这种观念也表现在国家政治治理中。

（4）重理性与道德教养。中国传统文化的主流是无神的，靠道德理性支撑人们的精神信念和维系社会关系。通过道德教育、礼乐的熏陶，进行人格理想和人生境界的培养。

中国传统文化不是完美的，它有先天缺陷，就是缺乏现代社会治理理念，如缺乏民主和科学精神。因此我们要正确认识它，既要继承优秀传统文化，又要通过引进、容纳、消化、吸收西方文化的精髓。通过综合创造，建设中国特色的社会主义新文化。

7. 高职公民教育定位应融于职业教育中

一直以来，中国有一个关于教育的传统，就是学而优则仕，导致学术教育在人们心目中扎根，高等职业教育成为被民众排在本一、本二、本三之后的四流教育类型。针对目前我国职业教育中的弊端，有人说“最具职业教育性的却是最不职业的”，如果我们能以检讨的心态对待这一看法，似乎会觉得有一定道理。教育对国家的贡献度不是老百姓关心的话题，对个人的作用却是人人关心的。其实有一个道理需要以公民的角色来理解和接受，那就是：如果人人从事学术，实现国家的经济繁荣就毫无可能。国外发达国家的发展历史证明，职业教育中进行公民教育有利于促进国家经济繁荣，促进社会公平。因为高质量的职业教育与较高的收入、低失业率、更高的健康水平和低犯罪紧密联系，因此高质量的职业教育应是善于将社会公平与职业教育的关系摆在首要位置的。“如果我们认同职业教育提高了公民认知和实践能力的判断，那么职业教育就具有三种益处：提高公民在各种竞争中的理性选择能力；增强社会凝聚力；促进人的个体发展和国家经济的增长。尽管所有教育课程都有可能实现这三种益处，但那些被专门列为职业的课程却最易被认为与社会公正有关。”①

---

① ［英］琳达·克拉克，克里斯托弗·温奇. 职业教育：国际策略、发展与制度［M］. 翟海魂，译. 北京：外语教学与研究出版社，2011：161－162

8. 高职公民教育应具有科学教育方法

全球化、开放多元的时代特征决定了公民教育的方法以参与、对话为主，这种方法不仅适用于国际交往，也适用于本国人与人之间的交往。参与、对话方法，要求公民教育既要避免盲目学习国外的教育思想、方法，完全抹杀本土自身的文化特性，走向极端意义上的“全球化”，又要避免谈虎色变、一味地排斥国外教育思想、方法，形成单一封闭的教育模式，因而，要以立足本土、多元共生互补、原则性与灵活性有机结合的策略，采取参与、对话的方式，在教育实践与现实之间建构通途，缩短现实与校园之间的距离，如传统的师生关系是建立在教育者与受教育者、讲与听的不平等关系中，是无法培养出真正的自主个体，而应该倡导师生之间的平等关系，在职业教育中我们称之为“平等中的首席”。明智的态度是在教育全球化与教育本土化、公民教育与现实社会的张力之间建立一种动态的平衡机制，亦即建构“现代性”的公民教育机制。

以上思维框架，对于我们反思公民教育是有裨益的。正如有学者指出的，从小学到大学，一种把学生思路圈进预定的狭窄小道，使人精神狭隘并导致智力局限的倾向贯通在我们教育的各个环节，这种教育缺乏尊重个体生命、关注人类的共同命运、尊重人类的共同规范、尊重文化差异，它有意无意地灌输一种唯我独尊、与其他文化形成壁垒的不健康精神品质。我们必须纠正这种倾向和做法，将全球化、现代化、多元文化、以人为本等理念融合到高等职业教育行动中，帮助学生认识自己、认识世界，以开放而自信的心态、平等对话的方法去面对一个多元化的复杂世界，引导学生确立理解和尊重差异、理解和尊重人类共性的基本取向。

第六章　国人公民素质状况与高职公民教育现状

第一节　国人公民素质现状

教育强国最核心的标志是培养人才。教育的任务是为国家发展培养人才，包括人才的数量和质量，通过教育最终提升整体公民素质和民族素质，而不仅是培养了多少杰出人才。对于21世纪面临的许多问题，人们都众说纷纭、争论不休，但唯独这个问题得到了各个国家、各个阶层、各个领域有识之士的认同，那就是：未来的国际竞争，实质上是国民素质的竞争，哪个国家拥有高素质的国民，那个国家就能在未来的竞争中处于战略主动地位。

中国，这个拥有世界五分之一人口的泱泱大国，正在以不同于世界历史上诸多西方列强崛起的模式，以和平的、具有中国特色的发展方式在世界舞台上崛起。在政治、经济、科技等各个领域中，中国的国际影响力都在快速增长。有西方战略家甚至认为，中国崛起成为一个大国，将是21世纪国际关系中最为确定的发展趋势之一。但是，一个大国的真正崛起，从根本上在于综合国力的全面提升，既包括政治、经济、科技等“硬实力”，也包括文化、思想和行为等“软实力”，而我们恰恰在软实力方面尚有较多欠缺。

直接反映一个国家软实力的就是这个国家的国民素质。中国已发展成为世界第二大经济体，国民物质生活逐渐丰富，然而国民素质，不但没有随着生活水平的提高而改善，反而普遍出现了基本礼仪缺失，行为失去规范，甚至道德沦落、价值观混乱等种种严重问题。

就在我们不断树立强大的中国国际形象的时候，因为一些中国公民的素质问题，一系列与大国形象不相符合的现象在世界范围内发生，这个问题对中国的国际声誉有很大影响。毋庸置疑，悠久的历史文明为我们留下了很多宝贵的优秀国民应有的素质。但令人痛心的是在物质生活日益充裕的情况下，很多优秀的国民素质在渐渐遗失。看看那些不断上演的有损大国形象的社会现象：

现象一：在公共交通红绿灯路口闯红灯的，不少是高中学生，也有被父母、祖父母带着的小孩。孩子上学，不论幼儿园、小学还是初中、高中，很多家长是接送的，一些孩子的家长长时间占用机动车道停车造成交通拥堵，交通管理部门对违停行为不仅不依法惩处，还提供保障，疏导交通，选择性执法现象普遍。理由很简单，孩子上学是大事。小孩从上幼儿园开始，处于这种选择性执法的环境，他或她长大后会是一个守法的公民吗？成人后，如果他有机会成为执法人员，他也会自然而然的选择性执法，法治社会、法治国家的目标何时能实现？

现象二：我们对这些行为已经司空见惯，随地吐痰，乱扔垃圾杂物，肆意破坏公物；机动车在城市夜间行车开远光灯，在高速上不开转向提示灯随意变道超车；机动车在没有交警和摄像头管制的马路上疾驰而过，掀起一片尘土或积水，毫无礼让行人的意识；饭店内、办公室内任性抽烟；电动车或自行车骑行人员经常逆向骑行在机动车道上；公交车上吵架似地大声聊天；乘坐电梯时缺乏必要的礼让；如果发生一件吸眼球的事情，网络就会以“人肉搜索”的方式显示其巨大力量，网络监督与网络中多数人的暴力没有明显的边界；网络论坛上，一方说话不礼貌，另一方就会用更不礼貌的话骂回去，并不停地进行人身攻击。随着生活的富足，旅游成为人们日常生活中的重要休闲方式。但是，从各种报道中我们却获知，每年长假过后，度假海滩、广场散布几十吨垃圾。假日的高速公路在拥堵过程中，随手扔的垃圾满天飞。不遵守景区规则，在景点中乱扔垃圾等不一而足。

现象三：据一项国际旅行网站的最新调查显示，中国游客热衷消费。而对各国经济作出了巨大贡献的中国游客却是最不受欢迎的游客。部分中国游客花钱如流水，像买大白菜一样地购买奢侈品，但并不注重品牌的真正内涵，而只是以拥有为荣。在国外一些艺术水平很高的雕像旁，他们试图爬上去合影。这一切，让外国人不能不给这些中国人一个评语：暴发户、没品位。有某法国著名时尚品牌酒店明确表示，在他们的酒店不接待来自中国的游客。该品牌创始人蒂埃里·吉利埃称，我们对客人是有选择的，在巴黎，很多人都需要一些私人空间和一个安静的环境。国人出境游，一些人把自己的陋习带到了国外。中国游客在国外一些公共场所的陋习总是如影随形，饱受诟病。法国、德国、日本、泰国、新加坡等国纷纷在公众场所用简体中文贴出“中国人，便后请冲水”“请安静”“请不要随地吐痰”一类的警示牌，很明显都是针对中国游客的不文明行为而做出的警示。2015 年春节假期里，中国人到日本旅游，花了巨额人民币购物，为日本经济作出贡献，但日本媒体却专门探讨中国游客的不文明行为。类似的还有诸如“卢浮宫前泡脚”“埃及神庙刻字”等诸多境外行为引发的关于国人素质的话题，总是一波未平，一波又起。

现象四：据一位中国驻法国记者根据亲身经历撰写的报道，有一次，在巴黎卢浮宫，当各种肤色的游客安静地观赏艺术作品时，忽然一句洪亮的中国话炸响：“蒙娜丽莎就在前面那个厅！快走啊！”紧接着，20多名中国人呼啸奔来。待奔至名画“蒙娜丽莎”所在展厅时，这批中国人又蜂拥而上，把这幅画围了个里三层外三层，别的游客根本无法靠近，他们一边相互招呼着，一边轮流与“蒙娜丽莎”合影。由于“动静”太大，最终引致博物馆管理人员出面干预。在国外，通常一些环境优雅的饭店，即使宾客满座也非常安静，人们交谈的音量控制在对方可以听见的范围内，而国人在这样的环境中却如无他人一般，吵吵嚷嚷地相互敬酒，让那些在烛光下小口呷着葡萄酒的欧洲人摇头不止。再看国内，很高档、门外停了很多车的饭店，里面照样如菜场一样热闹非凡。对中国人的大嗓门，我国学者柏杨在《丑陋的中国人》一书中讲过一件事：两个广东人在美国街边说话，美国人认为他们就要打架，急拨电话报案。警察来了，问两人在干什么，他们说：“我们正在耳语。”

现象五：2015年的5月20日，因为谐音是“我爱你”，这一天成为情侣们的节日。然而，令有些家长尴尬也令教师这一职业蒙羞的是，有老师也趁此机会，半真半假通过微信向家长索要红包。某幼儿园家长L先生报料称，“520”的前一天晚上，接到女儿幼儿园老师发来的微信：“明天就是5月20号了，喜欢我的人可以提前发红包5.20元，爱我的人就发13.14元，自认为是土豪的发88.88元，自认为最爱我的人就发520元。觉得我胖的发15元，觉得我丑的发10元，觉得我长得一般的发5元，觉得我美的发3元，天气热，给我8块钱买冰棍，见证感情的时刻来了。”虽看似钱不多，但L先生认为：“孩子今年还在上小班，在幼儿园里吃喝拉撒都得靠老师照应，不给吧，怕得罪老师，给吧，有一种被绑架的感觉。”他在班级群里与其他家长私聊发现，全班40多个小朋友的家长多数都收到了老师发送的“520段子”，家长们大多都迅速发了红包，金额从十几元到上百元不等。我国自古有“瓜田不纳履，李下不正冠”的古训，以免使人误会，给自身带来麻烦。教师这一职业，因其“立德树人”的育人性质，更强调教师“其身正，不令也行；其身不正，虽令不行”的“身教重于言教”。幼儿园教师旁敲侧击索要的十块八块的“红包”并不多，但人数多、机会多。一旦一些教师从中尝到甜头，难免不会得陇望蜀，虽然是小恶行为却也不需要付出代价。

现象六：国人科学素质低下成为影响新时期社会稳定发展的不利因素。近年来，在我国面临PX大量进口的前提下，一些地方在PX项目建设过程中，由于公众坚信“PX剧毒”和其他原因，连续引起多起大规模群体事件，陷入“一闹就停”的尴尬局面。核电站建设、垃圾焚烧、发电项目建设等，都面临类似的局面。再比如，2011年日本发生9.0级地震引发核泄漏事故，中国竟然掀起了一场令人咋舌的抢购食盐风波。这些现象背后，反映出的实质问题是我国公民科学素质有待提高。公民具备基本科学素质是指了解必要的科学技术知识，掌握基本的科学方法，树立科学思想，崇尚科学精神，并具有一定的科学判断和处理实际问题、参与公共事务的能力。公民科学素质是可以测量的，国际上的通行做法是通过公民科学素质调查获得在“了解科学知识、理解科学方法、理解科技对个人和社会的影响”三方面都达标的公民的比例。2005年我国公民具备基本科学素质的比例只有1.6%，在党的领导下，各部门共同努力，取得了不小的进步，2010年达到了3.27%，预计2015年将超过5%的目标。但是，这个水平仅相当于发达国家20世纪80年代末的水平。

现象七：公众参与能力明显较低，已经影响决策以及执行的水平和效果。如高校章程一事，教育部要求各个高校在“十二五”末期完成章程的制定、审核和备案工作。各高校非常重视，将章程视为高等学校的办学纲领，是学校依法自主办学、实施管理和履行公共职能的基本准则。章程的制定，是高校改革发展中的一件大事，是高校努力构建现代大学制度和全面依法治校的基本依据。章程的制定过程，是高校总结办学特色、归纳办学经验、梳理改革发展成果的过程，也是师生充分表达意愿、凝练共同理念、实现价值认同的过程。但从章程的起草开始，广大教师对此并不热心，认为依然是做做样子，完成任务而已。当广泛征求意见时，大家又持谨言慎言甚至无言的态度。而表决时却又表现出高度一致的态度，全票通过。在行政文化的长期主导和影响下，高校教师的这种面临事关学校、个人切身利益的大事时表现出的扭曲心态，不能不说是一种遗憾，让人痛心。但是理智分析这种现象产生的原因，还有一些更为重要的原因，如教师作为公民的参与意识不强，参与能力不高。对什么是章程，章程将在高校的发展中发挥什么作用，应在章程中规定哪些内容，谁有权制定章程等这些有关章程的基本问题没有明确认知，高校在制定章程之前或制定章程过程中是否就章程有关知识进行普及教育也将影响教师的参与能力。教师作为高知群体，关于公民的参与知识一样是苍白的，需要参与时显得无所适从也是必然结果。章程在制定过程中流于形式也就在所难免。在一个先进文化知识传播的基层组织内部的参与能力尚且如此，又怎能期待公民在更大的组织层面、国家层面有较好的参与表现。

以上只是举一些常见的事例，管窥一斑。我们的公民素质还有种种缺陷。这些缺陷，并非仅仅是指国人性格中的“劣根性”，而是在公民整体素质上，与现代人的差距，以及与发达国家国民的差距，诸如主体意识薄弱，缺乏民主法治精神，文化科学素养差，创新精神不足，公德意识薄弱，缺乏团队精神，敬业精神失落，忽视心理健康。又比如过分追逐私利，缺乏社会责任；重视人情，漠视法律；缺乏信仰，道德危机，缺少追求实践真理的勇气；重感官享受，忽视灵魂的追求；自治能力比较薄弱，不讲究礼仪等等。这些现象，我们的前辈鲁迅早就评议过。在鲁迅笔下对于中国国民性有批评、有赞扬，比如他赞扬我们的国民性，说自古以来就有埋头苦干的人，有拼命硬干的人，有为民请命的人，有舍身求法的，这就是中国的脊梁，然而劣性方面我们有阿Q精神，有卑怯，有懒惰，有贪婪，也有巧滑、爱面子、爱做戏和无操守。

以上种种表明，当前我国的公民素质与我国的大国地位存在巨大反差。虽然给国际社会造成不良观感的只是中国人中的极少数人，但是，却具有代表性，对中国的国际形象造成了明显的负面影响，也警示我们教育界，许多问题的出现和失误的产生，无不与公民教育有着密切的关系。

第二节 公民教育的缺失

树立国际新型大国形象急需提高公民素质。在“硬”实力领域以外的“软”实力方面，我国尚未取得与之相匹配的地位，提升中国的“软”实力，是我国大国建设中的当务之急。而公民素质就是“软”实力诸多指标中的一项重要内容。

我们从民国时起就在改造国民性，已近百年为何成效不彰？我们产业化水平、经济发展水平都有良好的表现，但是，在生产中对公民的素质要求却不是很高。现在中国已经到了中等发展水平，假定所有老百姓都没有条件出去旅游，也许公民素质问题还不那么尖锐，但是到了中等发展水平以后，国人的行为方式不仅关系到我国内部人口之间的关系，还关系到中国和外部世界之间的关系，这个问题是不能忽视的。

中国是礼仪之邦，何以在最基础的礼仪方面出现问题？一是历史原因。历史的拐点出现在明中叶以后。唐宋以前，中华文化是优雅的代名词，中国是礼仪输出国。史载中国商人到东南亚去，被看作来自礼仪之邦的人上人，甚至免费食宿。日本和朝鲜对中华文化的模仿亦步亦趋。而根据王学泰的研究，中国在宋朝时开始产生大量游民，他认为，中国历史上除了有正统的历史社会，还有一个历来被忽视的隐形的游民社会，他们与官方的正统的意识形态对立，支配着半个中国，以自己的方式书写了中国的半部历史。到明中叶以后，更由于人口增多，而“封建统治者没有对流民做有效的、大规模的安置，又没有特大的天灾人祸来急剧削减相对过剩的大量的人口，也不可能空出大片的土地作为这些流动人口的归宿……明代中叶的流民除了‘死于道路’者外，其余的则大批地进入城市，成为流动于城镇之间的游民”。[①] 随着人口增多，游民越来越多，社会问题无法解决，游民们组成秘密教门、会党、行帮、商帮等“江湖组织”，社会生活日益粗俗化、江湖化，一直影响到今天。二是传统生活方式与现代社会的冲突。传统农耕社会不需要交通规则，人们生于田野，长于田野，如同自然之子，自由自在，与物相融，生活规律与自然规律同步。现代社会，人口高度聚集，形成城市，生产机器可以一直运转，天人相融的自然规律被现代化的生产规律所取代，高度集中的陌生人群也不得不被各种复杂的规则所限制。但是人们仍然习惯于不认规则，认人情，凡事有亲有疏，由此造成不公正后果。面对生存竞争的时候，人们可能纠结于关系重要还是规则重要。

很多人成长于不讲规矩的环境，故不懂规矩。有些国人为什么不排队，为什么不耐心呢？因为他们从小就不是生活在一个讲规矩的环境之下，很多人都能“开后门”，很多人都能够捷足先登。对孩子行为习惯的教育、训练太过随便。受这种教育长大的人，会养成一些不良行为习惯，如公共场所随便丢垃圾，不守时间，不守规则，对身体的动作不去控制等，这些都对公共空间造成污染。

我国还没有一个完整的公民教育体系。国家将“富强、民主、文明、和谐，自由、平等、公正、法治，爱国、敬业、诚信、友善”确立为社会主义社会运行的核心价值观，意味着在国家目标的价值层面，社会理想的价值层面和公民行为的价值层面凝聚了人民意愿的最高程度的共识。中国的公民素养教育有自身的运行方式，也取得了成效。但是，今天中国仍然没有建立起一个完整的公民教育体系，还没有在国家的教育体系中建立起一个科学有效的提高公民素养的教育机制与教育进程。中国正在经历社会变革，迎来了太多让我们陌生的事情，如没有进行过公民媒介素养教育，就迎来了公民媒体时代；没有进行过公民信用素养教育，就迎来了一个需要信用支撑运行的时代；现在，没有进行过现代公民素养的系统教育，就迎来了现代公民社会。公民素养教育不仅决定着个体生命的质量，而且决定着社会的秩序、效率、潜能，决定着一个国

---

① 王学泰．游民文化与中国社会［M］．北京：学苑出版社，1999：168．

家的实力和未来。而当我们还没有对公民教育进行专门的科学设计，未能建成科学有效的完整体系的时候，无疑会造成社会发展的深层障碍和阻滞。

我国的公民教育本身也需要反思。

（1）忽视了对成年人的公民教育。通常所说的“素质教育”，其实是限于学校范围之内的，尤其限于中小学校。它是相对于死记硬背的“应试”教育而言的，指的是国民教育系列中的素质教育。但事实上，公民素质的问题，特别是在公共场合表现出来的公民文明素质问题，首先是成年人的问题。前面介绍的那些在国外有损国家形象的行为，大多数是成年人所为。因此，应该面向广大成年人进行公民教育。

（2）忽视了家庭对培养儿童文明素质的作用。家庭是儿童最早的学校，家长是儿童人生中的第一任老师，这是学校教育不能取代的。中国家长历来重视儿童教育，有的家长放弃工作，全职投入。但是，在这种家庭教育中，受重视的还是科学知识一类的学习以及某些弹琴、唱歌之类的特长培养，目的都是为了应对升学竞争。至于普通的文明素养的培育，在家庭教育和家长的教育视野中是相对缺失的。有的家长本身素质不高，把毛病传给孩子。有的家长因怕自己孩子“吃亏”，故意灌输给他们一些不良的态度和行为。

（3）忽视了个体基本文明行为的养成。我国的道德教育总是以营造一种光环，渲染一些理想的方式进行。在具体层面上，缺乏训练和规范。素质教育，首先要从基本的文明素养开始，在此基础上再追求更高层面素质的养成。尽管我们在教育中讲了很多高层次的东西，却反而忽视了低层次的基础文明素质的培养。特别是我们的中小学德育，在注重思想灌输的同时，对行为养成重视不够。其实，学校德育特别是小学阶段以及学前阶段，更应重视文明行为的熏陶和养成，以及对文明规范的遵守。随着年龄的增长以及学段的提高，他们在思想上会逐步成熟，行为自觉性也在提高，对社会规范也有更好的理解。但如果一开始就忽视了行为的养成，那么即使靠后来有意识的努力也很难完全弥补。

（4）忽视了对生活细节的关注和设计。对德育来说，理想信念和道德品质是大本大原的问题，是最实质的问题。但是这些思想品质是体现在行为中的，尤其体现在生活的细节上。如果忽视了生活细节上的教育和要求，那么即使受教育者树立起了崇高的理想信念和道德，那也是言行不一的人。一些外国人说中国人不注意细节，是有道理的，反映了我们生活发展的阶段性特征，也反映了我们素质教育上的不足。生活首先是求生，而在求生的奔波和挣扎中，细节上的讲究是顾不上的。但是在生活达到温饱特别是小康之后，生活的细节问题就会凸显出来。生活质量的问题，人格尊严的问题，交往舒适度的问题，风度优雅的问题等，都与细节相关。正像在工作和事业的发展中，当粗放型阶段过去之后，是细节决定成败一样，在生活和交往中，当文明生活提上日程后，是细节决定荣辱。

（5）对于各种不道德、不文明的现象，重视官方舆论的营造，忽视了社会情景舆论的压力。人的道德行为，特别是公共场合的道德行为，既受到整个社会一般意识形态压力的影响，也受当时当地具体情景下舆论压力的影响。长期以来，党和国家一直重视意识形态教育，在这方面也尽了很大的努力。但现在的问题不是官方做得不多，而是社会层面的自发参与不够。其实，真正起作用的不是官方，而是特定场合的小环境中的压力。一个鄙视的眼神，一些注视和质疑，一声提醒以及批评，都会使不文明行为有所收敛。

总之，我们的公民素质教育缺失的东西很多，不只上面所说的几点。甚至从某种意义上说，我们失落的不是公民素质教育的这个或那个方面，而是公民素质教育本身。有人说，不管你在哪个时代，都有一块孕育和培养国民素质的净土，但是今天这片净土出了问题，好比土地被污染后种出来的稻子就成了毒大米一样，如今该是我们的学术领域和教育领域反思的时候了。

第三节　提高国人公民素质

没有残疾的孩子，只有残疾的教育。今天在孩子们身上呈现出的各种问题，或许都能在我们的教育过程中发现与其相关的各种各样的因果关联。教育的责任是重大的，它关系到每个生命尊严的自我认知，每个生命价值的社会尊重，每个生命潜能的深度开掘，每个生命对社会责任的共识与信守。我相信，每个生命的质量聚合起来的结果，将影响一个社会的进程，一个民族的命运。

有人建议用宗教规范社会。但是这是不可行的，因为宗教信仰是来自于内心深处的一种信仰，当它出现偏差的时候，它会将社会引向狂热、痴迷甚至战争。等人们认识到需要改变它时，再去改造它就非常困难。有人建议用儒家文化规范社会，这也是行不通的，因为用儒家文化去熏陶所有民族是有很大的社会风险的。根据国际上的经验，最好是将法制、文化、教育三者有机结合，才能起到规范社会的作用。

加强法制建设，提倡法治，是培育良好公民素质的必要条件。仅仅靠个人的道德情感与自律，难以使每个人都能够以社会利益为先，在保障自身权益的同时顾及他人利益。相反，缺少法律的监督与规范，人们在面对个人利益与集体利益的抉择时，往往会选择使自身利益最大化的结果。缺少完善的法律规范，必定会降低公民违背道德与伦理的成本，增加其违背伦理道德的可能性。为此，应该通过严格的法律制度建设，为公民素质的提高创造一个良好的法律环境。新加坡前总理李光耀曾说："法律精神除严格外还有公平，如果真正做到了法律面前人人平等，那么法律的尊严就树立起来了。法律之外没有特权，公平、公正是法治的灵魂，也是管理能否实现的关键所在。"我们看到在与中国有着相似文化传统与社会风气的新加坡，虽然该国人口素质已经普遍较高，但该国对于本国公民的行为规范仍有着严格的规定，如果随地吐痰，会罚款，若连续三次被罚，则会被施以欧洲在中世纪所保留的"鞭刑"。

新加坡的方式给我们的启发是，当人们的行为实际上对公共秩序和公共社会的整个素质产生很大影响的时候，你不能慢慢地通过教育或通过老一辈人死亡的代际代谢方式慢慢地等待变化，而是要通过法治的办法及时规制。

新闻舆论在提高国民素质中也有重要功能，主要体现在两方面：一是导向，就是要引导和告诉人们应该提倡什么，应该反对什么；应该怎样做，不应该怎样做。因此要充分运用和调动各种新闻媒体的力量，广泛深入地宣传提高国人整体素质的必要性、紧迫性和重大意义，宣传我们党和国家在提高国民素质方面所采取的一系列方针、政策和措施，宣传现代科学文化知识和公共道德行为规范，宣传法治在规范公民行为方面的教育、引导、评价和强制功能，从而在全社会形成一种重视公民素质教育的强大舆论氛围。二是监督，就是运用新闻媒体广泛性、多样性和权威性的特点，及时揭露和鞭挞社会上的消极现象和不文明现象，从而达到弘扬中华文明，遏制素质低下行为之目的。可以说，新闻舆论的这种监督功能是任何其他形式的监督所不能比拟和替代的。

关于教育的作用，近代学者王国维于《教育之宗旨》中有言："教育之宗旨何在？在使人为完全之人物而已。何谓完全之人物？谓人之能力无不发达且调和是也。人之能力分为内外二者：一曰身体之能力，一曰精神之能力。发达其身体而萎缩其精神，或发达其精神而罢敝其身体，皆非所谓完全者也。完全之人物，精神与身体必不可不为调和之发达。"教育与制度建设等均非一日之功，在中国培育与大国地位相符的公民素质发展的道路上，还有很长的路要走，我们必须各方协力，加快塑造公民成为"精神与身体调和发达"的合格公民，再加上各种"硬"实力的进一步提升，中国才会崛起成为一个真正意义上的世界大国。

一个有远大理想的民族需要认真思考每个生命的素质与能量与整个民族的理想实现之间的关系。2010 年年底，美国时代周刊推出的年度人物是马克·扎克伯格，全球最大的社交网络 Facebook 的创始人。他 1984 年出生，是美国的 80 后。Facebook 今天已经覆盖了全美国 16 岁以上 53% 的人口，全球活跃用户已经达到 10 亿，它现在被称为世界第三大国。2012 年夏天，Facebook在纳斯达克上市，IPO（首次公开募股，英文简称 IPO）的规模 160 亿美金，当时在美股 IPO 的历史上居第三位。这么庞大的经济实体，这么广泛的全球社会网络，这个美国 80 后居然声称，办这件事情的目的不在于赚钱。他明确地说："让我们共同建立持久的文化价值，并且为了从前人手中接管这个世界而全力以赴。"这已经不是经济诉求和市场诉求，这完全是社会诉求和政治诉求。他要接管这个世界。当今的中国教育设计出培养这种人的"程序"了吗?

有学者认为，有关部门应对不文明行为分类：不可容忍类，如随地吐痰，赤胸露膊，公共场所脱鞋袜，挖鼻子等都属此列；缺乏教养类，如不排队、加塞、恶语相向、上厕所不冲马桶等行为；文化素质不高类，如在教堂、寺庙里行为不慎，吃饭时猜拳行令等。对于不可容忍类和缺乏教养类行为应以明确的规则禁止。日本早期改革的经验是，通过地方立法，先从用强制的手段取缔恶习陋规入手，包括男性在街上小便、文身、说"黄色"的话语等都属于法制取缔范畴。同时，日本利用媒体树立新的道德规范，在长达 4 个月的时间里在报纸上以面向成人 150 个例子整版报道新的道德规范。而基于对"文化素质不高"而产生的行为，相关机构应尽到提前告知的义务。任何一个社会，遇到快速变化的时候，就会有一批先知先觉的人，他们在行为上能给别人做样板，推荐更好地行为方式，更好的待人方式，更好地维护社会秩序的方式。这些方式的传达，不管是在东方还是在西方，最后都是靠教育来完成的。

第四节 高职公民教育现状

国人公民素质状况堪忧，公民教育对于高职来说似乎是不能承受之重，即便如此，因高等职业教育在国民教育体系中地位特殊，其在公民教育体系中的作用仍然需要予以高度重视。

长期以来，公众对公民教育持木然态度，遇到问题时，首先想到的不是寻求法律和政府的帮助，而是借助各种社会关系来解决。虽然公民教育的内容有些已渗透到中小学课程中，但学生和家长普遍抱着可有可无的态度，他们把精力全部投入到语文、数学、外语等主干课程上。经历高考洗礼，一些学生进入

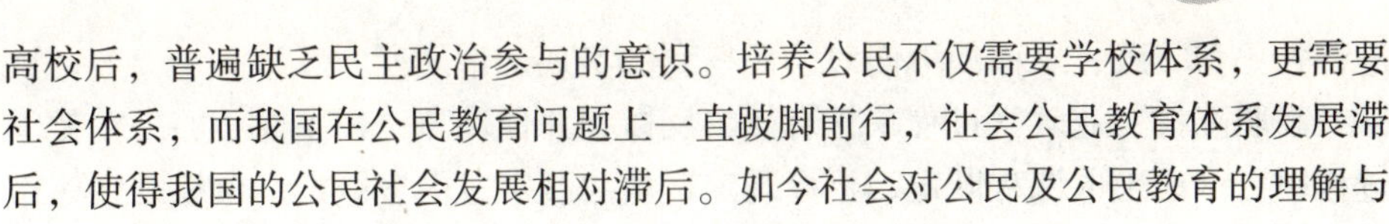

高校后，普遍缺乏民主政治参与的意识。培养公民不仅需要学校体系，更需要社会体系，而我国在公民教育问题上一直踟蹰前行，社会公民教育体系发展滞后，使得我国的公民社会发展相对滞后。如今社会对公民及公民教育的理解与关注逐步由法律意义向政治学意义乃至社会学意义转移。

在现实中，许多高职学生对“公民”角色只有模糊认识，对公民知识了解甚少，存在严重的“知行脱节”现象。究其原因，一是高职院校的生源复杂，有普通高中毕业生、对口升学的中职生、初中毕业生（五年制），等等。他们的文化基础不同，个性迥异，对学习、职业和抱负等认知差异也较大，但他们有一个共同的身份——中国公民。现代社会要求公民应具有平等意识、独立意识、自由意识、权利义务意识等公民素质，这些都需要公民教育。二是高职学生都有一个共同弱点——欠缺合格公民素质，这直接影响到他们踏入社会以后的工作与生活。据调查，目前高职生接受的公民教育是非常有限的，来自于普通高中的学生在中学阶段接受的完全是应试教育，来自于中职的和来自于初中（五年制）的学生在以往就读的学校更重视专业知识的学习和今后谋生技能的训练。因此，高职院校的学生都需要补上公民教育这一课。

进入高职以后的学生的公民教育也不尽如人意。由于以思想政治课和德育课为主要教育形式，与专业学习基本没有关系，难以引起学生们的兴趣。大部分学生认为思政教育仅仅是工具性学科，就是为了拿学分，顺利毕业。高职公民教育多注重说教，公民实践活动偏少。专业课教学方法机械套用现象比较普遍，方法与课程内容的适应性不强。人们都知道职业院校的教学方法应以行动导向为主要策略，方法上要结合学情特点和课程内容，精巧设计并运用于教与学。机械套用的做法给学生留下不尽职的印象，并且会误导学生这样做也没什么责任，不利于他们职业素养的培养，而职业素养正是公民素养中不可或缺的内容。

高职校园缺乏民主氛围和制度性安排。尽管高职经历了观念上的更新，但在具体做法上仍缺乏民主精神，如在江苏高三毕业生填报的志愿中，只有一部分是本人第一志愿，相当部分因服从志愿而对专业没有选择权。当然，有消息称，2016 年招考录取方式由按学校填报志愿方式改为按专业填报志愿，如果真如此，则是高职招考制度的一大进步。学生入校后，教师以及学校管理者与学生之间的关系如同领导者与被领导者，学生从入学开始接受由学校安排的各种制度性教育和专业教育，学生不能质疑和挑战教师和管理者的权威，只能咨询一些问题。尽管学校中也有学生会、班委会、各种社团负责人的竞选活动，但大都是在教师的监控下或者是参照行政管理模式进行。学生无权参与校政，如没有学生作为代表参与学校决策的议政机制。正是由于我们的学校生活缺乏民主的气氛和制度安排，使得学生不能将学到的公民知识和技能在学校生活中进行强化和实践，反而使他们对公民权利的实现产生质疑。

高职院校专业教学过程缺乏有效的反馈和评估环节，民主性不够。在教学过程中更多地采取课程既定、目标既定、教法既定、内容既定、考核既定等做法。笔者曾经对23门课程的考核评价方案进行的实证研究，发现课程考核方案重形式、轻质量，重专业技能（能力）、轻育人目标的考核，重教学、轻课程考核体系的整体设计，重课程目标、轻考核评价的适应性，重一般描述、轻具体设计。考核程序设计欠缺民主性，没有充分考虑学生的差异性，一门课程只有一份课程标准，一套考核方案，适用于全体授课对象，学生在考核过程中没有话语权。若想在专业学习的同时加强公民教育，就要通过一些程序设计，令其所学的各种知识内化为个人的意识和观念并形成习惯。现有的反馈形式偏离公民教育目的，导致我们无法有效地衡量学生对所学公民教育内容的接受、理解、吸收的程度，也就无法对教育效果进行有效评估，更谈不上修正和改进后续的公民教育。

高职院校组织生活面临公共性匮乏。这种公共性的匮乏集中体现在三个主要方面：一是学校组织主要遵循着垂直型的权力结构，使得组织内部呈现出显著的权力等级性，阻碍了公民关系在学校生活中的形成；二是学校组织的管理逻辑依然是控制与“物化”的逻辑，使得学生难以获得主体性的公民身份，因而也难以形成深刻的公民体验和公民认同；三是学校组织的目标导向是人力资源的“生产工厂”，这与培养好公民的育人目标出现了严重的背离。在公共性匮乏的状态下，学校组织将成为公民生活和公民教育的障碍，制约学校公共生活氛围的发展。为了使学校组织成为公民教育的促进力量，必须克服组织中的权力独占性、管理控制性以及私利的膨胀性等，从而建构民主的公共生活空间，最终促进学生公民品质的发展。①

注重“工具人”的培养而忽略现代公民的塑造。由于高职院校是伴随着社会主义市场经济而发展起来的，在“能力本位、就业导向”的指导下，从一开始设计人才培养方案时就围绕“工具人”的培养，始终把学生培养成为拥有一定技能的职业人作为其开展教育活动的唯一目的。在这一目的驱使下，高职对开展公民教育的价值意义认识不足，对培养“工具人”以外的现代公民的兴趣不大。这种教育观念也在无形中影响着学生的职业价值观。“几乎从学生进校开始，学校教育就在潜移默化地向学生灌输着如何尽快地在有限时间内提升自己的职业技能，具备一定的专业素养，以适应未来职场的需要，而对

① 叶飞．学校公民教育的组织困境：基于公共性匮乏的分析［J］．华东师范大学学报（教育科学版），2013（03）：25－32．

培养学生的主体公民意识和公共精神等有关公民教育的内容关注度不高，从而造成院校里公民素养教育欠缺或被边缘化。”①

以课堂教学取代公共生活的体验。如果把高校比作一个小社会，那么课堂就是小社会的核心，课外则是小社会的延伸。课堂属于相对封闭的空间，学生在思政课上接受的是一些理论知识，在专业课上学习的是跟公民教育关联度低的专门知识，在这种环境中成长起来的公民只是一个消极被动的公民。封闭的教学模式使学生缺少了参与的平台，即使有一些公共活动也只是零散的、自发的，学生无法做到自觉通过参与公共生活来提高公共参与能力。久而久之，他们只关注个人脚下的利益，只注重个人专业能力的提升和个人权利的维护，而对参与公共生活的热情逐渐消退，缺乏社会责任感，最终变成脱离社会存在的孤立人。这些学生即使未来能成为某一领域的具备一定技术的人才，但由于缺少公共品格的支撑，他们可能不会为了他人、公共社会而承担责任。

《国家中长期教育改革和发展规划纲要》（2010－2020年）提出的“加强公民意识教育，树立社会主义民主法治、自由平等、公平正义理念”，不仅为公民教育提供了政策上的保障，也意味着高职院校既承担着将学生培养成为社会主义建设需要的合格劳动者的任务，同时也承担着将学生培养成为负责任的公民的使命。当前，我国正处在转变经济发展方式的关键时期，决定经济发展方式转变的第一要素是人。如何以战略眼光和理性思维为社会培养合格的公民，对高等职业教育具有重大战略意义。而形式多样的产学合作为高职院校公民教育的社会化实施提供了多种机会，这种公民教育的力度比在学校组织社团开展一段时间的社会实践还要强许多，这是职业教育得天独厚的优势。

第五节　调查研究

一、高职学生公民意识和公民能力（技能）调查问卷

亲爱的同学：

您好！我们正在进行“高职学生公民意识和公民能力（技能）调查”，希望这一调查能对研究高职人才培养质量与公民教育关系研究提供有价值的参

① 刘莉．高职院校公民教育的缺位及路径构建［J］．科技通报，2014（05）：239－242．

考。本调查主要针对在读高职大学生。

调查采取无记名形式，保护您的隐私权。请根据实际情况如实填写，您的回答将直接影响本研究的可信度和有效性。问卷中选择题目请您用○选择相应选项，填写题目请根据您的实际情况填写，未特别注明的为单选题。

请调查对象填写您的基本信息

性别：□男 □女

年级：□大一 □大二 □大三

政治面貌：□团员 □中共党员 □无

来源：□ 城市 □农村

（一） 基本认知

1．作为中华人民共和国的公民，您在多大程度上了解您的基本权利与义务？

□很了解 □一般了解 □较少了解 □不了解

2．在不同地域不同信仰的文化背景下，您认为公民之间的中华民族精神是怎样的一种状态？

□大力弘扬中华民族精神 □民族相处融洽

□民族之间偶有内部纷争 □不了解

3．在您的日常学习和生活中，你认为“公民意识”应该包括（多选）：

□国家意识 □民族意识 □国际意识 □ 民主意识 □权利意识

□责任意识 □法律意识 □政治意识 □平等意识 □公平意识

□自由意识 □公共意识 □道德意识 □文明意识 □纳税意识

□交通意识 □生态意识 □参与意识

4．对于“政治活动是少数人的事情，与我自己无关”这种说法，您怎么看？

□非常不同意 □不太同意 □说不清楚 □非常同意

5．您对“平等意识”“独立人格”有所了解吗？

□非常了解并且积极推崇 □了解 □一般了解 □不是很了解

6．您对关乎自身的法律如《民法通则》《物权法》《婚姻法》《继承法》等法律条文有多少了解？

□对其中的很多都有所了解 □知道一些法律并有所了解

□不太了解但是有法律意识 □不清楚

7．您了解我国的政体是什么吗？

□很了解并正确的知道是什么 □较了解 □不关心 □没听说过

8. 您是否会通过一些渠道了解国家的立法活动或是法律报告?

□经常会 □偶尔会 □感觉没必要 □ 一不小心会听说一些

9. 您了解我国的基本经济制度吗?

□学过并很了解 □不怎么了解 □知道一些 □不关心不知道

10. 您知道“两会”代表什么吗?什么时候召开吗?

□知道 □不怎么知道 □不小心知道一些 □不想知道

11. 您觉得父母的教育对你的社会责任感形成有无影响?

□有很大的影响 □有一些影响 □有较少的影响 □基本没有影响

12. 您认为在大学校园里,对大学生开设关于公民意识的相关讲座或是课程有必要吗?

□十分有必要 □比较有必要 □无所谓 □没有必要

13. 您认为在大学校园里,对大学生开设关于公民能力(技能)的相关实践课程有必要吗?

□十分有必要 □比较有必要 □无所谓 □没有必要

14. 您对在公共场所吸烟、喧哗、乱扔垃圾等一系列行为有什么看法?

□应该严格制止并上前劝导 □感到不舒服但不会说出来

□有些想法但无所谓 □没有什么想法

15. 您觉得自己平时有没有注意培养自己的创新能力?

□有 □没有 □不知道

16. 您认为公民的基本素养应包括(多选):

□分析问题、解决问题的能力 □具有道德良知和道德推理能力

□对不同观点持有包容和尊重之心 □具备理性选择能力

17. 对于积极公民来说,您认为他应熟知(多选):

□政府组织

□公民权利及自由的内涵

□民意、媒体在政府决策时扮演的角色

□平等、机会均等、社会公正等术语的内涵

□社会分配

□少数族群的权利

□失业、经济增长、通货膨胀

□财政赤字、贸易平衡和货币价值的动荡

□国家在世界军事、经济、政治中的地位和作用

□与他国打交道时的国际制度

□国家在打击恐怖主义、促进国际和平、全球变暖等其他国际问题上的困境等

18. 您所接受的思想政治教育对您认识我国政治制度和民主程序是否有帮助？

□有帮助 □有些帮助 □没有帮助

19. 您是否认为自己已经具备中国公民的基本素质和公民技能？

□是的 □尚有差距 □有很大差距 □不具备

20. 如果自身权益受到损害，您会怎么办？

□还是私下解决好 □一定要通过法律讨回公道

□如果对方有权有势，打了也白打，不如不打

□其他（请注明__________）

21. 如果您做了好事，却被栽赃冤枉，以后遇到类似情况，还会施予援手吗？

□会 □视情况而定 □不会

（二）公民能力和技能

22. 您怎么看待某些大学生更喜欢过西方节日的现象？

□应该抑制这种现象，中国传统节日一定要继承

□这是个人自由，我们不能干涉

□西方节日更轻松有趣，所以热衷西方节日无可厚非

□正常现象，这是文化交流的结果

23. 假如您即将大学毕业，但是由于祖国需要，部队来校征兵入伍，您怎么办？

□义无反顾，踊跃参军 □不参加 □不关心此事

24. 您有怀疑或质疑过公认的或权威的事情吗？

□从来没有 □偶尔有过 □经常怀疑 □总是怀疑

25. 当在学校看到有关于创新思维或创新能力的比赛的海报时，您会：

□从不关注这类海报 □轻描淡写地瞟一眼

□仔细看内容，还真想自己一展身手

26. 您对当前政府各部门制定的政务信息是否关注？

□关注 □偶尔关注 □不关注

27. 大学期间对于班级选举、学生会选举，您的态度是：

□希望可以参加 □可以体验一下 □觉得参不参加都行 □投了也没用

28. 您如何看待大学生以独立候选人身份竞选基层人大代表这一现象？

□凑热闹而已，形式大于实际，没有实在意义

□与我无关，不关心不了解

□有利于提高大学生群体参政意识，将对中国政治改革产生非常深远的影响

29. 您参加过人大代表选举吗？如果参加过，请问您参加投票选举的原因是（多选）：

□ 未参加过（不选以下项目）

□参加过（选择以下项目）

□组织动员或学校要求

□珍惜自己的选举权

□关心政治，有参政议政意识

□这是公民应尽的义务，应该理智而积极地承担这项义务

30. 大学期间，您参加过下列哪些爱心活动？（可多选）

□为希望工程捐款　□为灾区捐款　□义务献血

□义务劳动　□为病重的同学捐款 □其他捐物、捐款

31. 如您在马路上看到有老人摔倒，您会主动提供帮助吗？

□会　□不会，害怕别人以为是自己推到老人的　□看情况而定　□其他

32. 假如您手里有垃圾，但是附近没有垃圾桶，您会怎么做？

□随便乱扔　□趁没人的时候偷偷扔地上

□先拿着，等找到垃圾桶了再扔

33. 在国家实行“限塑令”后，您在购物时还会购买塑料袋吗？

□会，因为比较方便　□偶尔会，在忘记带时会购买

□不会，因为出门时会带上

34. 您是否有随手关水龙头和电灯的好习惯？

□是的，我从来不会造成不必要的浪费

□没有，但是同学会提醒我

□从来没有这个习惯，但是以后会提醒自己

□只是多交水电费而已，我还交得起

35. 您是否已经参加社团组织？您所参与的社团组织在日常运行中是否运用民主程序？

□是　□否/□是　□否

36. 您所参加的社团组织是否向校方提出过治校建议？

□提过　□没提过

37. 您认为当前高职学生最需要培养的是：

□公民意识　□公民能力（技能）　□公民责任感

38. 您认为培养高职学生树立公民意识和掌握公民能力（技能）的最佳途径是：

□现行的思政教育　□各种场合的宣讲　□专门的公民教育活动课

39. 当遇到重大的与中国有关的国际问题时，您是：

□积极表达意愿，上街游行　□理性对待不盲从

□在网上积极传播评论不顾后果　□事不关己，高高挂起

40. 对待网络上的特点问题，您是（可多选）：

□积极转发但不评论　□理性对待，不传播，不妄议

□在网上积极评论，不顾后果　□事不关己，高高挂起

□自觉探究，寻求真相

41. 您在乘坐公交车的时候，会给老弱病残孕等需要帮助的公民们让座或给予帮助吗？

□无论什么情况下一直会　□看见他人让座时会

□很少会　□从未有过

42. 您对学校或社会举行的爱心募捐采取的态度以及做法是：

□认为应该帮助有需要的人，积极参与

□怀疑真假，会捐很少的钱

□认为自己的钱也是血汗钱，为什么要捐给别人

□麻木了，觉得没什么意义

43. 您对于高职大学生公民教育有什么好的建议（一句话建议）？

对您的付出和配合致以诚挚的谢意！

二、高职学生“公民意识”和公民能力（技能）调研活动调查员须知

（一）调查概述

1. 调查对象的界定

本次调查的对象是笔者所在的泰州职业技术学院（后简称我院）二年级在校生。

2. 调查点和样本分配

为提高调查实施的效率和可靠性，本项调查以信工院、机电院、医学院、

经济与管理学院、制药与化学工程学院、建筑工程学院、艺术学院的在籍生为调查对象范围。

随机调查，样本总数为151份，基本平均分布于各分院。

3．对调查质量的基本要求

严格按照要求开展调查工作，确保调查数据的真实、完整是本次调查成败的关键。为了保证调查质量，各小组调查员要做好两项工作：

（1）按照课题组提供的方法和步骤选取符合条件的对象；

（2）指导被调查者认真填答问卷，杜绝糊弄了事，严禁弄虚作假。

下面，我们将详细说明调查实施过程中的主要问题和操作规程。

（二）组织实施流程

1．调查的组织

在课题组指导下，由各分院学生代表组成调查团，展开调查工作。调查团分七个组，每分院一组，每组由两名调查员组成，调查员的来源由院团委推荐。

2．调查实施步骤和责任

本部分简要介绍实地调查的全部工作步骤，并明确具体任务。

（1）调查人员的培训。为了保证实地调查工作的效率以及调查结果的科学性和客观性，课题负责人对调查人员进行培训，尽可能在正式调查开始前解决问题。

（2）选取调查对象。调查人员对调查对象的选择要兼顾性别比例，最好男女比例为1：1。严格遵循随机抽样方法（具体操作办法见后文）。保存好回收问卷，以备事后复查。

（3）指导调查对象填答问卷（详见后文）。以自填的方式完成问卷。

填答过程中，调查员应该始终保持中立，不对任何答案给予引导、暗示和建议，让调查对象独立回答问卷。

（4）现场回收并检查问卷。在调查结束时，调查员必须立刻收回问卷。

问卷填答完毕，调查员必须当场检查问卷的完整性，确保所有应答的题目都已经回答。如果发现有任何遗漏，立即请调查对象补充完整。

（5）调查员再次核查问卷。问卷收齐以后，调查员须清点问卷并再次核查所有已回收的问卷（根据问卷编号整理），一旦发现问题，将重新调查。

（6）调查人员撰写调查小结。各调查小组完成本次调查工作后，应对本次的调查工作进行小结，并送交课题组。小结内容应简明扼要，包括以下内容：

实施调查的基本过程（各环节时间、工作人员数量），符合随机抽样条件的调查对象的总量，最终完成的问卷数量等，实施过程遇到问题如何处理，怎样保证调查任务的完成，经验与教训等。

（7）调查员送交问卷。

各调查员于　月　日前，将合格问卷、调查小结送交课题组。

地　　址：

联 系 人：

电　　话：

（三）抽样方法

1. 本次抽样步骤和方法

适用于我院随机人群。

2. 具体抽样程序

问卷编码为001—350。

根据调查按照前述的分配方案随机进行问卷调查。

（四）问卷填答

1. 基本要求

调查员有责任和义务对调查对象的个人信息和问卷回答情况予以保密，不得泄露给他人。否则，一切后果由调查员负责。

如果被选中的调查对象拒绝接受调查，请调查员耐心地解释本次调查的目的和意义，说服调查对象配合。但是，不要求100%的应答率。

原则上，只能由调查对象回答问卷，不允许其他人替代。调查员的所有问卷都回收并经审核无误后立即送交课题组。课题组将对问卷进行抽查和复核，

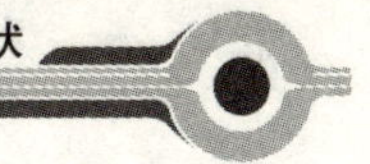

对于存在的问题，要求调查员重新调查。

2. 问卷类型

本问卷为自填式问卷。除封面部分外，原则上所有题目均由调查对象自己填答，调查员不要干预填答过程。

3. 调查员现场职责

为了保证填答效率和质量，调查员的职责明确为：

（1）选定调查对象；

（2）动员并培训调查对象，发放问卷；

（3）回收问卷并检查填答是否完整。

4. 发放问卷

调查员拿到统一印制的问卷后，只需按问卷现有叠放顺序发放即可。

（五）填答说明

1. 解释调查背景

调查员应向调查对象简要解释本次调查的背景和意义，动员调查对象更好地理解并配合调查。应强调以下几点：

（1）调查是由课题组统一组织的，目的是客观地了解我院学生公民意识和公民技能情况，为课题组科学研究提供参考。

（2）问卷为不记名填答，将来输入计算机做统计分析之用，调查对象不必担心隐私问题。而且，根据《统计法》的要求，我们有责任对每一份问卷保密。

（3）这次调查不是考试，问卷中的问题没有标准答案，调查对象的回答无所谓对错，只要按照实际情况和真实想法填写即可。

2. 指导填答方法

我们在问卷首页印制了填答方法。但根据调查经验，许多调查对象并不愿认真阅读该填答方法，因此调查员在填答前，可向调查对象讲解不同题型的填答方法：

（1）选择题。

本问卷绝大部分题型为选择题，一般情况下只需在所选答案的选项数字上划圈即可，尽量不要划“√”，否则容易误钩到其他答案上；

部分选择题需要把选项数字填入指定的横线________上；

选择题为单选题（只能选择一个选项）和多选题（可多选）；

有的题目选项中有“其他（请注明）：________”，这是要求选择了“其他”项的调查对象把“其他”所指的具体内容写在________上，请调查对象务必填写。

另外，应避免有些调查对象误解把选项数字填在________上。

注意：应特别防范调查对象跳过应答的题目！

（2）填空题。

本问卷中的填空题都是只要求把相应的答案填在________上就可以了。

（3）选择与填空结合题。

既圈选项，又要在________上填写内容。

（六）对调查员的要求

讲解完毕即可开始填答问卷，调查员在此过程中需注意：

（1）调查对象独立作答，避免在填答过程采纳他人意见；

（2）调查员核查问卷无误后表示感谢并应允调查对象离开；

（3）调查员应根据手册前文的介绍，解答调查对象在填答方法方面遇到的问题；

（4）调查员应避免干预调查对象的填答，不要用带有诱导性的方式或根据自己的理解指导调查对象填答。如果调查对象对题目本身的理解存在疑问，调查员不予解释，可要求调查对象根据自身理解填答。

（七）回收问卷

调查对象上交问卷后，调查员要进行核查。核查要点是：

（1）填答的完整性，是否有空白、漏填的题目；

（2）填答的合理性，是否有明显不合理的填答结果；

（3）如发现上述问题，调查员应向调查对象询问，并希望调查对象给予修正；

（4）如没有上述问题，调查员在封面“访问员”处签名验收。

三、泰州职业技术学院二年级学生公民素质状况调查分析

在传统的大众思维中，对学生的评价习惯于用综合素质一词，而综合素质更多地被赋予了学习成绩好、善于表达、多才多艺、身体健康等内涵，对义务、责任等强调的不多，更没有将综合素质与公民素质并列提及。但是，公民素质恰恰是一个国家综合国力的一项重要指标。高职学生公民素质状况关乎高职院校的内涵建设和人才培养质量。高职学生目前的公民素质状况如何？需要采取什么样的对策来进一步提高他们的公民素质？荣莉、胡利胜等课题组成员带着这样的疑问进行了调查研究。

调查问卷由课题组在研究后草拟初稿，然后邀请5位专家（1位数学教师、1位思政教师以及3位专职学生工作人员）组成专家组，他们对问卷中的每一个项目的适当性和相关性进行评估并提出修改建议，修改后再次邀请专家组对效度进行评估，并对正式问卷进行测试。调查的时间段为2013年10月－11月。考虑此时新生刚入校1～2个月，尚未完成思想政治教育课程的学习，大三学生正在顶岗实习，因此，以大二学生为主体，从46个班级的2 000人学生中，每班级随机抽取3～4人，共计151人，样本比例为7.55%；学院二年级学生男女生的比例为17：33，样本比例39：61；问卷回收率100%，问卷填答有效率100%。这些比例能够反映被试总体，样本具有代表性。

以檀传宝《公民教育引论》一书中关于公民教育目标定位的六项基本内容，即独立人格、民主意识、人道情怀、人权理念、公共理性和公共责任作为分析的框架，具体分析如下：

（一）独立人格

独立人格是自主性比较强、有独立意识的一种人格，具体可表现为具有较好的情绪控制能力、独立思考能力、独立从事社会行为能力等。独立人格是公民的核心内涵与基本品质。培养学生的独立人格需要将受教育者当作一个独立的人来看待，而不是为了经济或政治的目的来塑造。用来考查学生独立人格状况的问题有三题，分别是“您对平等意识、独立人格了解吗”“在多大程度上了解您的基本权利和义务”“如果您的权益受到损害，您会怎么做”。对于第一题，41.06%的学生“很了解”，50.33%的学生“一般了解”，8.61%的学生“较少了解”；对于第二题，39.74%的学生“很了解”，57.62%的学生

“一般了解”，2.65% 的学生“较少了解”；对于第三题，37.09% 的学生选择“私下解决”，41.06% 的学生选择“通过法律途径解决”，21.85% 的学生选择“没遇到过不知怎么办”。

数据显示，对第三题的回答，有 41.06% 的学生主张通过法律途径维权，这部分学生的法律意识比较强；而主张私下解决的学生或对司法信心不足，或怕走司法程序比较麻烦，希望快速了断。回答第二题选择“很了解”与回答第三题选择“通过法律途径解决”呈正相关；同理，选择“一般了解”与“选择私下解决”呈正相关，说明维权行动模式取决于高职学生对权利和义务的实际了解程度。

分析认为，二年级学生已经学完思想道德修养与法律基础、毛泽东思想和中国特色社会主义理论体系概论两门课程，加上在校的学习、生活经历，他们对有关公民的基本权利与义务的理解会更深入些。因此，回答的相对比较中肯，基本上能够反映出他们的实际认知情况。不容乐观的是有一半学生对第一题只是一般了解，还有近 10% 的学生较少了解。

独立人格对高职学生的意义在于它反对家长式的保护主义。有的管理者本着管控的理念，对学生行使了“代理父母”的监护和管理权，为精力旺盛的高职学生制定了严苛的纪律体系和学校学习生活制度。在这种管理体系中，学生完全处于被管制的地位，缺乏必要的自主活动的权利与自由。

（二）民主意识

《统战学词典》对民主意识的定义是：人们对于民主的观点和态度的总称，包括对民主的本质、作用的看法，对民主现象的评价和理解，对自己民主权利的认识、掌握和运用。我国民主政治的一个重要任务就是引导公民逐步形成民主思维、确立民主意识，进而能正确行使民主权利。因而民主意识是公民教育体系的核心内容。在思想意识领域引导公民形成科学的民主意识，在社会政治生活领域逐步实现公民的民主自觉，是高职人才培养面临的一个重要工程。用以考察民主意识的题目包括“关于公民意识，您认为应该包括”和“对于班级选举、学生会选举，您的态度是”两题。对于公民意识应该包括的内容，学生的回答不一，前三位的是政治意识（64.90%）、民族意识（63.58%）、国际意识（58.94%），详情见表 6.1。数据显示，学生的民主意识较薄弱，只有 38.41% 的学生认为公民意识中应当包括民主意识。其实公民意识应当包括题中给出的全部 18 个选项，尽管这是一道多选题，遗憾的是没有出现百分百答对的结果。

6.1 公民意识包括的内容

内容	比例（%）	内容	比例	内容	比例（%）
政治意识	64.90	民主意识	38.41	权利意识	23.18
民族意识	63.58	文明意识	36.42	责任意识	19.87
国际意识	58.9%	纳税意识	31.13	参与意识	19.21
平等意识	54.97	国家意识	27.81	公共意识	18.54
法律意识	49.67	道德意识	27.15	交通意识	15.23
公平意识	39.07	自由意识	23.18	生态意识	9.27

对于班级选举、学生会选举，17.88%的学生“希望参加”，72.85%的学生“可以体验”，5.96%的学生认为“参不参加都可以”，3.31%的学生认为“浪费时间”。分析认为，对有机会参与的民主程序一些学生没有表达出积极的愿望，绝大多数的学生选择了“可以体验”，隐含有不可以的选择性心理态度；同时也说明学生缺少参与类似民主程序的经历，他们从内心深处认为也许通过体验可以了解民主程序。

高职院校是一种社会组织，应具有其民主性和公共性，学生在这样的社会组织中将有利于公民品质的成长。但是，从当前实际运作来看，学校组织生活的公共匮乏已经成为了制约学校公民教育效果的重要障碍。

这种匮乏表现为：“权力运作遵循垂直型的权利结构，造成权力压倒权利；管理逻辑遵循控制与物化逻辑，使学生难以真正获得主体性公民身份；人力资源生产车间的目标导向，导致学校不是真正的培养好公民的育人机构。”①

（三）人道情怀

人道情怀是一种以人为本、以人为中心的世界观，提倡关怀人、爱护人、尊重人，富有同情心，维护人的基本权利，它“要求在社会体系或社会制度的设计中把人仅仅作为目的而绝不作为手段来对待，否则人就只能作为工具而存在，不具备任何尊严，而这样的社会当然也就不具备任何正义性”。②对于“如果你做了好事，却被冤枉，以后遇到此类事情还会施予援手吗”的问题，17.22%的学生“会”继续施予援手，52.22%的学生会“视情况而定”，

① 叶飞．学校公民教育的组织困境：基于公共性匮乏的分析［J］．华东师范大学学报（教育科学版），2013（03）：25－32．

② 檀传宝．公民教育引论［M］．北京：人民出版社，2011：216．

30.46% 的学生“不会”；对于“在马路上看到有老人摔倒，您会去扶吗”的问题，28.48% 的学生“会”扶，26.49% 的学生“视情况而定”，45.03% 的学生“不会、怕被讹”。

这两道题都是考察高职学生在遇到需要救助的具体事件时，对行为模式的选择。数据显示，忧大于喜，选择“会”的学生占少数，均未达到三分之一；选择“不会”的学生远多于选择会的学生数，选择“视情况而定”的学生总体上占多数。分析认为，选择“会”的学生，其实是将道德原则作为自己的最高原则，而没有其他顾虑和所求，道德发展处于比较高的层次；选择“视情况而定”的学生，虽然在人道情怀方面表现欠佳，但在心理态度方面可能处于犹豫不定的状态，有道德坚守，也有顾虑，低于第一层次，也许更为理性；而选择“不会”的学生既不具备人道情怀，也欠缺必要的理性，他们基于交换原则的考量，层次较低，这类学生认为善行应该得到善报，如不能得到好报，就不去做，属于有条件的行善，带有交换的色彩。

目前媒体关于一些反映人道情怀的负面报道比较多，直接作用于高职学生对行为模式的选择，部分学生的人道情怀被禁锢于心。本来，这种情感的释放属于公众知晓的社会救助行为，却因负面影响，部分学生基于实际的考量，将这种情感转换为自保技能的运用，实际上是有条件的实施人道行为。

（四）人权理念

人权是指公民所具有的生存权、平等权、财产权、发展权和自由权等方面的总称。人权已成为人类文明的基石，尊重和保障人权早已被正式写进我国宪法。对人权的正确理解，有助于我们建设一个充满正义和关切的社会。关于“一些大学生喜欢过西方节日，你怎么看”的问题，65.56% 的学生认为要“抑制”，21.85% 的学生认为“这是个人自由无权干涉”，9.93% 的学生认为“热衷西方节日无可厚非”，2.65% 的学生认为是“文化交流的正常现象”；关于“在不同地域不同信仰的文化背景下，您认为公民之间的中华民族精神是怎样的一种状态”，34.44% 的学生认为要“大力弘扬中华民族精神”，64.90% 的学生认为“民族相处融洽”，0.66% 的学生认为“民族之间偶有内部纷争”；关于“对于积极公民来说，您认为他应熟知（多选）”的问题，46.36% 的学生选择“政府组织”，39.74% 的学生选择“公民权利及自由的内涵”，44.37% 的学生选择“民意、媒体在政府决策时扮演的角色”，40.40% 的学生选择“平等、机会均等、社会公正等术语的内涵”，41.06% 的学生选择“社会分配”，38.41% 的学生选择“少数族群的权利”，52.98% 的学生选择“失业、经济增长、通货膨胀”。

前两道题是关于自由权的问题。如果基于同样的价值判断，选择结果应该具有一致性，但数据反映的信息是对西方节日问题，65.56%的学生主张抑制，尚有21.85%的学生从自由权角度给出判断。对信仰问题，却有64.90%的学生选择了融洽相处。分析认为，这种矛盾现象的产生，可能是基于以下原因：关于信仰的回答，学生更多的是基于平时所受的政策影响在头脑中已经形成固有认知，这部分内容已经成为常识性知识被牢牢记忆，并非基于人权价值取向的理性判断后的选择。过西方节日，由于是一种社会现象，未有官方话语，对答案的选择具有一定的自由权，但判断的依据是其个人价值取向而非人权价值取向，属感性认知。学生对少数族群的权利，公民权利及自由的内涵，平等、机会均等、社会公正等术语的内涵，社会分配，民意和媒体在政府决策时扮演的角色，政府组织，失业、经济增长、通货膨胀等的关注程度呈递增趋势。选项内容基本上属于概念性知识，是关于人权的相关内容，学生能做出积极的响应。

（五）公共理性

所谓公共理性，就是指各政治主体以公正的理念，自由而平等的身份，在社会政治体系这一持久存在的合作体系中，对社会公共事务进行充分合作，以产生公正的、可预期的共治效果的能力。一个合格的公民必须能够在公共问题上运用公共理性，它需要通过宽容、参与、调试、责任感能力得以体现。这些能力不能伴随着年龄增加而自然增加，需要通过具体的公民教育来培养。当遇到重大的与中国有关的国际问题时，36.07%的学生选择“积极表达意愿上街游行”，57.31%的学生选择“理性对待不盲从”，4.63%的学生选择“在网上积极传播评论不顾后果”，1.99%的学生选择“事不关已高高挂起”；对待网络上的热点问题（多选），41.72%的学生“积极转发但不评论”，23.84%的学生“理性对待不传播、不妄议”，4.64%的学生“在网上积极评论、不顾后果”，49.01%的学生“事不关己、高高挂起”，27.81%的学生“自觉探究、寻求真相”。

这两道题考察高职学生公共理性中的参与能力、调试能力和责任能力状况。对前者的回答，有半数以上的学生能够调试好自己的情绪，选择理性参与；对后者的回答暴露出相当数量的学生在公共责任方面存在问题。分析认为，信息技术的发展，使得一些社会问题以多样性的答案呈现在学生面前，虽然拉近了学生与社会的距离，学生对各种信息具有自己的选择权和发布权，但毕竟信息的碎片化、学生自身信息化素养不高以及学生公民素养比较低，这些都还不能满足民主社会的现实需要，他们不能对一些社会热点问题进行基于科学理性的质疑，多表现为或盲从或漠不关心。尚有一些学生表现得较为理性，

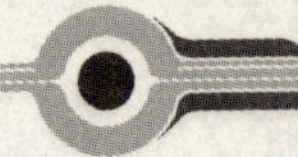

不妄议，自觉探究真相。

公共生活需要公民具备一定的参与公共生活的素质和能力。现代生活需要公民理性有序地参与和表达自己的意见和观点，需要他们自主地调适环境要求而不是人云亦云或敷衍塞责，需要对权利与义务关系保持健康的认知感。“公共理性的发展意味着每个人对他人道德价值的取向是宽容和尊重的。”①

（六）公共责任

公民在依法享有权利的同时应承担相应的责任和履行相应的义务。公民教育培养公民的积极参与精神和公共责任感，不仅对自己的发展承担责任，同时也要对国家乃至人类发展承担责任。这是由公民归属政治共同体的公民身份认同决定的。公民应自觉履行社会责任，如遵纪守法、维护公共秩序、爱护公共环境、扶危济困等。公民意识中的责任意识、生态意识和公共意识等都属于公共责任的考察指标。从表6.1可知，选择“责任意识”的占19.87%，选择“生态意识”的占9.27%，选择“公共意识”的占18.54%，这三个选项都未超过20%。关于“您是否有随手关水龙头和电灯的好习惯”，72.85%的学生选择“是”，17.22%的学生选择“没有，但同学会提醒”，3.97%的学生选择“没有这个习惯，以后注意”，5.96%的学生选择“只是多交水电费而已”。对于随手关水龙头和电灯这样具体的行为，72.85%的学生做出了正确的选择。

分析认为，对这两道题的回答，暴露出一些学生在公共责任与道德判断方面的矛盾性。学生对责任意识、公共意识等理念性、概念性的知识比较陌生，而对关水龙头和电灯等具体行为模式已经成为习惯，学生们已经不需要再去甄别是非对错，直接做出选择；但对于这些具体行为的属性和以上概念则没有理解和掌握。

1. 结　论

上述分析，喜忧参半。喜的是有一定数量的学生对公民的基本素质有所了解并掌握了一些基本的公民能力（技能），忧的是还有相当数量的学生欠缺公民能力（技能），特别是对社会现象还不能做出理性判断并基于该判断做出正确选择。这次调研的基本结论是：

（1）高职学生的公民素质与公民教育目标的6个方面的本质要求仍有很大差距，高职院校应重视学生的公民素质教育。

① 施雪华，黄建洪. 公共理性：不是什么和是什么［J］. 学习与探索，2008（02）：60－67.

（2）高职学生在公民素养方面的基本认知与行为模式的选择，因具体事件的不同而表现出矛盾性。他们善于对概念性知识做出判断，就像平时的考试一样，根据记忆做出选择，但在公民技能或能力方面却又不善于在具体实践中应用；而另外一些学生则表现的正好相反。这种矛盾在被调研的高职学生身上表现突出。

（3）基于经验的认知是造成上述矛盾的主要原因。基于经验的认知与基于理性的选择是两个不同层次的行为模式，经验取决于阅历和经历，如果阅历和经历简单，经验就很少，遇到新情况、新问题就不知所从。理性判断后的选择，是在掌握了一般规律性的知识后内化为个人的分析判断能力，遇到新情况或新问题仍然可以从容应对，这一点是高职学生从"学生"的标签式身份脱胎换骨为公民身份的关键要点。相较而言，经验是理性判断的基础，理性判断高于经验性判断。

2. 建　议

（1）强化高职学生主体地位，培养独立人格。学生独立人格是其他五项目标的基本前提。而独立人格的实现是以自由权为前提的。没有自由权的保障，就不会有高职学生的健全独立人格。实施家长式保护的高职院校要从管理制度层面着手，从课程内容到课堂教学，从课堂学习到课外生活，从社团组织到社会实践等诸多方面明确学生的主体地位，在主体地位确立的过程中培养其独立人格。

（2）区分德育与公民教育，将德育向公民教育转轨。道德教育不能代替公民教育。道德教育模糊了公民作为社会主体的责任和角色；道德教育与公民教育具有差异性，公民教育不以学生获得正确答案为目的，而是以具备公民素质，履行公民责任为目的。"学校德育在今天应该为培养合格公民的精神素质服务，实现向公民教育的转轨，这是学校德育改革的主要趋向。"①

（3）通过行动设计，提高公民教育的实效性。高职院校开展公民教育要结合学生的形象思维比较发达、好动的特点，借助行动导向的理念开发设计一些活动课程，通过实践提高学生的公民素养和公民能力。

（4）明确院方角色，积极营造民主生活环境。"高职院校在学生中应扮演公民生活促进者角色，致力于为学生创造一个自由、平等、公共性的民主生活空间，从而通过民主的生活经验来发展学生的公民品质。"②

---

① 胡艳蓓．现代化进程中的公民与公民教育［J］．教育评论，2008（02）：72－75.

② 叶飞．学校公民教育的组织困境：基于公共性匮乏的分析［J］．华东师范大学学报（教育科学版），2013（03）：25－32.

第七章　高职公民教育内容

如果从国家意义上探讨办教育的最基本目的是什么，那么就应该是培养能对本国的强盛与可持续发展作贡献的公民，既为了国家的繁荣、社会的稳定和发展，也为了国家成员的生存与发展的需要。如果从个人意义上探讨教育的目的，那么就应该理解为通过接受教育公民进入社会进而实现个人价值。无论哪个层面，探讨公民教育都要先解决公民教育内容的确定问题。本章探讨从公民教育内容范畴的理论到高职公民教育内容框架的确定。

第一节　高职公民教育内容的确定

公民和公民教育的概念有着深远的历史和文化根源，从古至今，公民的概念和公民教育的概念因为各个民族国家在不同发展时期的政治、经济、社会和文化的差异而有不同的内涵。人们的研究总体上可以归纳为两个视角，一种是在相对具体与微观的层面上探究公民和公民教育的概念，着眼点比较具体，例如分析某个国家公民教育实践的具体执行情况；一种是在相对抽象与宏观的层面上探究公民和公民教育的概念，着眼点是比较抽象和概念性的内容，例如公民概念范畴。第二种研究使我们能够从概念性层面以更宏观、更广阔、更概括和更全面的角度去观察、理解和解释公民和公民教育的概念、理论和实践。本节在概念性范畴层面讨论如何确定公民教育的内容。

一、公民教育内容范畴的一般理论

历史地分析，由于国家的政治制度不同，国家成员的政治身份也不同，因

此，国家教育的对象也有了如臣民、公民之分。在民主国家，国家成员的政治身份是公民，国家与其成员的关系是国家与公民的关系，国家成员在本国社会公共层次的身份是公民。所以，广义的公民教育就是对公民群体的教育。狭义的公民教育是指建立在公民个体在公民社会中的角色和地位的基础上，为提高社会成员担任公民角色的质量进行的教育，突出了从“公民”一词的内涵带来的政治、法律、社会、经济、文化、社群和民族传统等7个方面的内容，直接地反映了国家和社会对公民在这7个方面的关注，以及对公民在公民社会中的个人、家庭、学校或工作单位、社会、国家、全球等层面上应该具有的公民知识、态度或价值观、能力等的关注，是培养符合当前国家、社会和个人发展方向的教育。公民的质量是国家执政和发展的基础。对现代国家来说，公民教育事关国家的稳定和发展。

（一）公民概念范畴

根据李治德的研究，一般意义的公民教育内容是受到公民概念内容的限定的，有什么样的公民概念就有什么样的公民教育观。而公民概念因理论不同而不同，如自由主义理论和社群主义理论。这两个理论对公民应该具备的公民知识、对公民身份的理解，公民在公民社会中应该具备的公民态度或道德观或价值观、公民为实施公民行为而应该具备的行为能力的期望等都是不同的。自由主义支持通过代议制选举能代表自己意愿的代表去代替自己发言；社群主义主张公民自己要亲身参与政治活动，表达自己的意见，通过参与过程达到普遍一致性的意愿。自由主义主张通过个人努力去表现作为公民的个人，社群主义理论虽然不否认公民个人在社会中应该有个人的地位，但是还认为公民的概念只有在公共层次才有意义，公民只有通过公共活动才能最好地表现作为公民的个人。

显然，由于不同的公民概念的内涵不同，建立在不同的公民概念基础上的公民教育观也有所不同。所以，在确定公民教育内容范畴理论框架的时候，公民概念的内涵是限定公民教育内容的一个决定性因素。但是，如果把公民概念作为一个抽象的整体来理解，就缺乏清晰的可比性，因为不同的概念有不同的特色和重点。要将不同的公民概念作对比，必须要有一个能够让不同的公民概念的内容都可以得到表述并且可以相互进行比较的平台，使我们能通过这样的比较，去发现各个公民概念所表现的特点，这样的比较是在抽象的、概念性的层面进行的，不涉及概念中那些范畴的具体内容。

根据李治德提出的公民概念的四个主要内容范畴的界定，即公民生活范畴、政治行为范畴、社会经济范畴和文化范畴（关于四个范畴的具体内容见第二章），我们能够将任何一个公民概念的内涵分解，通过各个范畴里的内容条目检验出这个概念的特点。知道了这些特点，就知道了建立在这个（或这几个）公民概念基础上的公民教育的政治和社会取向、知识范围、价值观或态度，以及公民行为能力范围、标准和程度要求等。

以上公民概念内容范畴的四个方面，同样适用于高职教育中的公民概念内容范畴的界定。

（二）公民社会范畴

在明确了公民概念范畴后，李治德进一步提出，一般意义上的公民教育内容除了取决于公民生活、政治行为、社会经济和文化四个范畴外，还限定于另一个自变量，就是公民个人在公民社会中的定位层次。他认为，个人、家庭、学校、社区、国家、地区和国际7个层次的社会定位在公民教育的实践中得到广泛认可。以下是他对7个层次的社会定位的说明：

（1）个人层次。公民在公民社会中以个人的形式存在。从公民教育内容的角度看，主要内容是关于个人对公民社会的态度、个人的道德观、价值观、世界观、思维能力、判别能力、行为能力、整体知识结构、整体素养等，其中特别重要的是道德。

（2）家庭层次。家庭是公民的诞生地，家庭教育是公民一生中最先接受的教育，其后的教育内容和效果都是在家庭教育基础上的累加。在家庭层次公民教育的主要内容包括家庭成员之间的亲情关系，初步的人际交往能力和民主意识的启蒙，如通过发展民主、平等、相互尊重的家庭交往模式，避免非理性冲动因素，培养家庭成员的自我主体意识、理性批判和探究能力，在家庭交往和互动过程中形成自己的见识能力和价值观。

（3）学校层次。学校是公共场所，是很多人一生中生活的第一个公共社会层次。绝大多数的年幼公民们就是通过学校开始认识校外更大的社会和各种公共层次。公民教育的主要内容包括个人作为公共社会一员的亲身体验，开始参与公共社会活动、人际交流与合作、理性批判和探究等，以及相应的知识、道德观、价值观。

（4）社区层次。社区是公民社会中最基层的社群组织。在这个层次，公民教育是通过在广泛的公共环境中与他人交流、以公民的身份参与公共生活展开的，公民特征鲜明，例如参政议政，公众辩论，社区服务，履行义务，维护权利等。

(5) 地区层次。地区层次是比社区高一级的公民定位层次。该层次包括区、县、地（市）和省。在这个比社区宽广得多的层面上，公民将社区中的参政议政、公众辩论、公共服务、履行义务、维护权利等活动扩展到更高的行政管辖层次，例如：参加与治理国家有关的选举，加入政治党派，参加公共组织，竞选组织中的位置等。

(6) 国家层次。公民在地区一级的公民活动提升到了国家层次，特别是参政议政的方式、公众辩论、竞选等活动的范围和方式有较大变化，政治目标与国家一级的管理和改革有关。国家层次的公民教育内容特别要求的是政治知识、政治认识、政治敏感和政党间交流等，以及相应的态度、道德观、价值观和行为能力。

(7) 全球层次。全球层次主要是个认识问题，包括从某个国家的公民的角度认识世界上发生的事情与自己和所在的家庭、学校、社区、地区、国家的关系；从全球的视角做理性批判和探究；如何通过自己在公民社会中非全球的层次采取行动去影响全球层次的事务等。

（三）公民教育内容范畴

根据长期以来的教育以及公民教育研究和实践，公民教育的内容可以用三个范畴来概括：知识、态度和能力。其中，知识范畴包括信息知晓、认识、认知；态度范畴包括对外界事物和对自己行为的态度、道德观和价值观；能力范畴包括个人思维能力、表达能力、行为能力以及能够使用这些能力的广度和效度。

这三个范畴中的内容条目相对比较稳定，但是条目多寡和具体内容会因为公民概念的不同和公民的社会定位层次的不同而有差异，这些差异在公民教育内容的“态度”范畴中通过从“个人”到“全球”的七个公民定位层次得到反映。

二、高职公民教育的内容范畴、目标及体系

（一）高职公民教育内容范畴

厘清公民概念、公民在公民社会中的定位和公民教育内容的关系，将有助于解决高职公民教育内容范畴的基本框架问题。根据上述理论分析，高职公民教育的内容范畴是在明确了包括政治、法律、社会、经济、文化、社群和民族

传统等7个方面内容的公民概念范畴，厘清了公民在个人、家庭、学校、社区、国家、地区和国际等7个层次的社会定位范畴以及以知识、态度和能力为内容范畴的基础上进一步深化和具体化的。

高职院校的学生参与校园生活、校政和社区乃至国家政治，通过职业学习参与经济活动，在职业伦理和企业文化方面获得认同等共同构成高职公民教育的主体框架，高职学生基于公民身份在个人、家庭、学校、社区、国家、地区和国际等7个平行层面的知识、能力、态度构成了公民教育的主要内容。

（二）高职公民教育目标

实践层面与理论层面往往具有较大差距，但是只有将上面的内容范畴落实到实实在在的职业教育实践中，研究公民教育内容范畴才有现实意义，所以将公民教育的理想化为实施蓝图的决定性步骤是设置教育内容。而在实践中，公民教育目标是确定高职公民教育内容的基本依据。那么，公民教育目标有哪些呢？职业院校教师都知道职业教育目标、专业人才培养目标、课程目标、教学目标，但仔细考问，有多少教师能清晰地勾勒出这些目标的内涵？同理，教师们同样会在公民教育目标上产生疑惑。这里从以下几个层面介绍公民教育目标的不同视角。

1．职业教育中的素质目标

公民素质是指作为一个公民应具备的一种内在的质的规定性。公民一出生就有了相应的公民身份。但是，公民素质却不是一开始就有的，需要有意识地培养和教育。高职三年是学生身心发展与成熟的关键时期，通过多种教育途径能帮助他们了解公民知识，形成正确的公民意识和价值观，提高公民素质。教育部早在《关于全面提高高等职业教育教学质量的若干意见》（教高〔2006〕16号）中就提出了加强素质教育的要求：“高等职业院校要坚持育人为本，德育为先，把立德树人作为根本任务”“要高度重视学生的职业道德教育和法制教育，重视培养学生的诚信品质、敬业精神和责任意识、遵纪守法意识”“培养学生的社会适应性”“教育学生树立终身学习理念”“学会交流沟通和团队协作”。通过素质教育“提高学生的学习能力、实践能力、创造能力、就业能力和创业能力”五种能力。

2．职业教育中的公民能力目标

素质教育与公民教育毕竟不完全相同，基于素质教育的能力目标与基于公民教育的能力目标应是不同的，有研究认为，公民能力应集中体现在参与能力，即公民的政治参与能力和行政参与能力。

根据研究，公民能力最初是指公民的政治参与能力，即公民对于一项政府决策的政治影响和参与的程度。在古代希腊的城邦式国家里，由于拥有公民资格的人数比较少，适合采用直接民主的形式，每个公民都能直接参与城邦的管理，政治参与成为每个公民的主要任务，公民的政治参与能力比较强。近代以来，由于民族国家的扩张，雅典式的城邦直接民主制度难以实行，所以，主要采取代议制的间接民主方式。在代议制民主制度下，实际上是由“代表”来代替人民决定国家政治事务，人民的政治参与权利在政治选举投票时才是自由的，其他时间人民对代议制政府的控制力量实际上微乎其微，公民的参与能力得不到充分发挥。为了克服间接民主制的缺点，现代民主政治都强调对直接民主制度的吸收，如普选、全民公决等。公民通过各种合法方式参加政治生活，影响政治体系构成、运行方式、运行规则和政策过程的行为，被认为是现代民主政治最主要的特征之一。

20 世纪 80 年代以来，民主政治日益由政治民主向行政民主发展，公民能力也由政治参与能力扩展到行政参与能力。过去，人们将行政视为仅仅执行由国会或政府通过民主程序制定的法律和政策，强调行政的集权和效率，排除了行政民主的可能性。随着行政机构和行政权力的膨胀以及行政事务的扩大，人们逐渐认识到行政并不仅仅是一种“执行”活动，行政本身也在制定政策、法规和规章，行政在不断攫取准立法权和准司法权，传统的三权划分竟然在行政系统实现了统一。这个变化表明：看一个政府的民主化程度，不仅要看其代议制的发展状况，更要看其行政民主化的发展状况，要看公民直接参与行政的程度。行政民主要求行政向公民公开，建立参与型的行政决策机制是行政民主的核心，公众参与决策主要体现为政府在决策过程中，通过咨询协商、公示、听证等方式让公民表达意见，从而制定出真正反映公众利益的决策方案。公民的行政参与能力越来越受到重视。

参与能力在高职院校的集中体现就是学生参与校政和参与选举、参与地方公共事务的能力。其中“学生的校政参与不同于学生对学术生活和社会生活的参与，而指学生对高校治理的参与，包括学校规章制度的制定与实施、组织机构的设置与调整、人员的聘任与考核等诸多方面的内容”。①

无论何种公民能力，对一国的民主政治都具有重大意义。整体而言，作为

---

① 周世厚，岳进. 美国高校学生校政参与的历史演进［J］. 外国教育研究，2013（02）：88－97.

公民教育目标的公民能力的现实意义主要有以下几点：

（1）公民能力的高低是判断民主程度的最真实和直接的标准。民主是人民自己管理自己的制度，是一种政体，人人享有平等权的政体。民主意味着在形式上承认公民一律平等，承认大家都有决定国家制度和管理国家的平等权利。如果在一种制度下，全体公民或者大多数能够通过各种合法的途径，直接或间接地参与国家的政治决策和行政管理，而且公民在主观上认为自己确实能够影响和参与政府的活动，这样的政治制度就是民主的政治制度。

（2）提高公民能力有利于增加政府的合法性。近代以来，各种政治理论都强调国家权力的人民性，无论是资产阶级提倡的主权在民，还是无产阶级提出的一切权力属于人民，都表明国家权力来源于人民。人民是国家主权的所有者，但人民行使国家主权的权力，只能具体化为公民参政议政的权利真正得到实现。因此，建立各种民主制度，提供公民参政议政的有效通道，实行政府与公民共同治理，有利于增加政府的合法性。

（3）提高公民能力有利于增强政治的稳定性。如提高公民的参与能力，通过保障和扩大公民的政治参与和行政参与，满足公民日益强烈的参与政治生活的愿望，必然会大大加强全体公民主人翁责任感，而参与过程本身又是一种最广泛的社会政治动员，将促进公民对政治权威的认同。另外，公民参与也是监督国家机关依法积极行使职权的最有效的手段，有利于克服各种政治腐败，防止专权，保障人权，有利于政府的正确决策和及时解决各种社会矛盾和问题，可以起到某种政治安全阀门的作用，这些功能都有助于增强政治的稳定。

（4）提高公民能力有利于培养公民对民主政治的忠诚性。民主政治的核心是公民参与，民主政治为公民参政议政设计并提供了真实有效的参与途径和制度依据，每个公民都能够参与国家事务的管理。一般来说，参与能力强的人，对其他公民的参与也会给予较高的评价，这样将鼓励更多的公民成为积极的、自信的、参与的公民，从而扩大民主政治的公民基础，增强民主政治的活力和潜力。公民参与将增强民主体验，增加公民对民主价值的认同，内化民主理念，巩固和扩大民主的心理基础，培养公民对民主政治的自豪感和责任感，从而对民主政治更加忠诚。

3. 国家政策对公民教育目标的规定及理解

（1）教育总目标。党的十八大报告指出：“把立德树人作为教育的根本任务，培养德智体美全面发展的社会主义建设者和接班人。”“立德树人”首次被确立为教育的根本任务，指明了今后教育改革发展的总方向，即教育事业不仅要传授知识、培养能力，还要把社会主义核心价值观教育融入国民教育体系之中，引导学生树立正确的世界观、人生观、价值观、荣辱观，成人与成才并重。培养德智体美全面发展的社会主义建设者和接班人是教育的总目标。怎样在职业教育中理解和落实国家教育的总目标？

把立德树人作为职业教育的根本任务。中华民族是重视德育和志趣高尚的民族。“立德”为我国古代所谓“三不朽”之一，《左传》载有“太上有立德，其次有立功，其次有立言，虽久不废，此之谓不朽”。意思是，人生最高的境界是立德有德、实现道德理想，其次是事业追求、建功立业，再次是有知识有思想、著书立说。这三者是人生不朽的表现。把“立德”摆在第一位，是因为万事从做人开始。“一年之计，莫如树谷；十年之计，莫如树木；终身之计，莫如树人。”这段话的意思是对国家而言，获利最丰者莫若培养人才，人才一旦培养成功将“一树而百获”，此乃治理国家的终生之计，说明我们的先贤已充分认识到培养人才是长远之计。“立德树人”也是我国从古至今历代教育共同遵循的重要理念之一。

当代公民道德教育内涵十分丰富，概括而言，包括了社会公德、职业道德、家庭美德等主要方面，以“富强、民主、文明、和谐、自由、平等、公正、法治、爱国、敬业、诚信、友善”的社会主义核心价值观为内容。近几年，越来越多的人认识到职业技术教育不仅是培养技术技能型人才，而且也是对人的全面发展的教育。未来的职业教育不仅培养人在知识经济时代和信息时代的就业能力，而且必须是合格的公民。在物质主义极端膨胀的今天，需要对道德价值观和伦理标准给予基本认同，需将道德教育、职业道德教育和价值观教育与职业教育结合起来进行，这是一个不断升级的育人过程。德育与专业教育虽然是两个不同的层次，但它们之间是相互联系和渗透的，德育必须经由专业教育，专业教育是德育教育不可缺少的环节与载体，同时，德育教育又不能囿于专业教育，这是二者的基本关系定位。在高职院校，由于“两课”教育与专业教育在课程设置、人员配备和机制结构等方面相互分离，所以有人误认为大学生思想道德教育是两课的职责和任务，专业教育可以不考虑。殊不知，高等教育课程都具有育人功能，所有教师都负有育人职责。所以树立专业教育与德育相结合理念，深入发掘各类课程的道德教育资源，在传授职业知识与职业技能过程中加强职业道德教育，才能使学生在学习过程中自觉加强职业道德修养。

把立德树人根本任务具体化就是培养“现代职业人”。职业人就是参与社会分工，自身具备较强的专业知识、技能和素质等，并能够通过为社会创造物质财富和精神财富，而获得其合理报酬，在满足自我精神需求和物质需求的同时，实现自我价值最大化的这样的一类群体。传统职业人概念建立在“物本主义”基础上，以物为中心，以技术为中心，人是机器的附属物，人愈来愈非人化，愈来愈成为“非本质”的人，“人即工具”。现代职业人概念建立在“人本主义”基础上：人是目的，而为了达成目的，在职业活动中又发挥着“工具”的功能，但这种功能已不是物的替代，而是作业活动中上位功能与下位功能之间的关系，是一种以作业为载体的人与人之间的关系。

现代化企业的核心要素是要有现代化的人才，它不仅要求员工掌握现代技术，而且要求员工具有现代的法规意识、权利意识、合作意识和诚信意识，能体验并领会民主、法治、市场、规则等，而这些都应该是公民教育的应有之义。具体而言，企业需要的是职业化人才，需要同时具备两方面的素质：一是职业能力，二是职业道德。作为职场人士，拥有专业的知识、娴熟的技能和丰富的经验是最基本的要求，重要的是要有优秀的职业品质。职业品质对于职场人士来说就是职业化的操守，就是具有相应的职业水准、职业责任、职业道德和职业精神。因此，应加强对高职学生的公民教育，把职业道德和职业能力的培养紧密地结合起来，培养学生爱岗敬业、诚实守信、办事公道、服务群众、奉献社会的精神和严谨求实的作风。只有具备了过硬的职业道德素质，学生才能保持永久的竞争力和职业发展潜力。

把立德树人根本任务具体化就是塑造“好公民”。目前高职院校思想政治教育效果不断受到质疑是一个不争的事实。这与用人单位只重视毕业生的技术能力、忽视思想品德的需求导向有关，但更主要是高职院校的思想政治教育僵化，不贴近学生的具体实际，教育空泛，难以引起共鸣。可以说，传统的高职思想政治教育内容从属于高层次的精英教育内容，偏重于上层建筑和意识形态层次，在德育目标的确定上，又不加区分，与普通高校、研究型高校基本目标一致。这样的教育目标与文化素质和思想政治素质都比较弱的高职学生特点极不相称。传统的思想政治教育远离了高职学生的实际情况，已显得苍白无力；要求其成为社会精英，会使他们觉得高不可攀。因此，我们必须实事求是，必须从他们所处的现实条件出发，开展务实的、针对性的教育，以培养全面发展的劳动者和高素质的好公民。

（2）公民教育目标。2013 年 11 月，《中共中央关于全面深化改革若干重大问题的决定》（简称《决定》）中对公民的参与能力非常重视，要求从各层次各领域扩大公民的有序政治参与。参与能力是当下我国公民急需培养的重要能力。《决定》提出了当前以及今后一个时期公民教育目标是参与式公民。

公民参与是指以积极、主动的姿态来认识、参与、投入公民事务，最终目的是使学生在日后成为知行合一的积极公民、有效公民及极尽所能的公民。参与式公民需要培养沟通、批判思考、理性表达、说服、谈判及妥协等有效参与公共事务的能力。

参与式学习的原理可用杜威的“做中学”来概括，学生在动手做、亲自参与的过程中，作为参与式公民的内涵得以不断丰富。首先，在认知与理解方面，通过与实际的接触，参与式学习为学生提供了真实、鲜活的经验，刺激学生去思考有关民主、人性、社会公平等议题，公民认知方面不断朝着更高的阶段发展。如果教师能够指导学生进行有计划的反思与讨论，将会促进学生批判性分析及思考能力的发展。在亲自参与的过程中，学生对很多事情有了切身的体验，在进行深入反思的过程中，直接经验与课堂上所学就会产生良性互动，从而深化学生对问题的理解。其次，在参与能力方面，为了完成职业学习任务，学生会调动自己的一切知识，尝试很多种解决问题的方法，积极与相关人员进行沟通，这都促进了学生解决实际问题能力的提高；课堂中的反思、描述、讨论等都可以促进学生沟通、表达、理性说明能力的发展。再次，在公民态度方面，实际参与提供了检验与修正学生态度的机会，使学生能够将他们的服务态度、生活态度、人生态度在实际的生活及职业学习情境中加以印证，使他们重新思考他们的态度在现实世界里的可行性与牢固性。参与式学习也使他们有机会从多元的复杂面来了解真实的社会问题，明白开展实际工作的难处，消除偏见与固执；为了最好、最快地完成任务，就要发扬团队协作的精神，保持谦逊与友好的姿态，学习与不同背景、价值观与生活方式的人一起解决问题，共生共赢、共创未来。最后，在公民参与实践方面，参与学习提供学生实际参与的机会，学生亲自行动并看到自己努力的结果，履行了公民参与的承诺。一旦服务得到了他人的认可与赞许，学生就会懂得自己的努力可以带来积极的改变，心灵上有种收获的喜悦和感动，产生继续在学校及社会参与公民学习的意愿，学生的公民参与行动将会得以持续发展。

4. 学者对职业教育中公民教育目标的解读

赵志群认为公民素质教育是职业教育的重要内容，理由是：

（1）智力因素是人成功的必要条件之一，“素质教育特别注重情商的培养，而情商只能在后天的人际交往中养成。现代职业教育培训在由学校、企业和社会构成的多元环境中对学习者进行面向职业实际的社会教育，注重社会能力的培养，是养成情商的重要手段”。

（2）素质教育强调创新精神培养，“现代职业教育的重要教学内容——方法能力正是创新精神培养的具体表现”。

（3）素质教育强调做人和做事教育的结合，“现代职业教育除传授职业知识和技能外，还注重职业和劳动道德的培养”，将做人教育与职业角色相结合，“成为学校教育和社会教育中做人教育的纽带”。不管现在还是将来，“普通劳动者的素质都是构成国民素质的基础。而职业教育由于在很长一个阶段内将一直承担大部分青年特别是非尖子生的教育任务，因此是我国国民素质教育工作的重点和难点”。他认为，在现代职业教育培训中，“职业教育的培养目标不再是简单的操作者和实施者，而是具有系统职业能力和职业特长的、全面发展的劳动者和高素质的社会公民，教学内容也不再是静态的知识和技能，而是创新精神和创新能力”。①

5. 泰州职业技术学院人才培养目标新定位

江苏泰州职业技术学院党委基于新形势对高职人才培养规格的新要求，于2014年9月提出了“一金四力”的人才培养目标，这是泰州职业技术学院首次站在培养高素质的公民高度对人才培养规格的新定位。

“一金”是指“金的人格”。我国现代职业教育的奠基人黄炎培先生提出，学生要具有像金子般的品位，要有为工商业服务的人品。在任何条件下，都要看重自己人格的养成。“金的人格”包含四层含义：

（1）高尚纯洁的美德。美德是真正滋润身心的东西。每个人都希望过幸福的生活，但如果将幸福系于外在的机遇，幸福永远是一种偶然；相反拥有了美德，幸福就会成为我们不可剥夺的一部分，因为无论顺逆穷达，美德都会给予我们力量去面对。

（2）博爱互助的精神。同学之间要具有良好的人际关系和团队精神，要互励合作，方能达成“利居众后，责在人先”的精神境界，共同提高。

（3）勇于担当的气概。我国正处在经济转型的重要时期，国际局势风云变幻，高职学生应成为国家经济转型升级的主力军，成为服务社会进步的中坚力量，善于将自身成长成才与国家发展、社会进步、民族复兴紧密联结在一起，努力成为有担当的一代青年。

（4）刻苦耐劳的习惯。学习是学生的天职，高职学生应自觉将学习内化成一种精神追求、一种生活方式、一种习惯，刻苦学习，学好专业知识；善于独立思考，不唯书，不唯师，不唯分，自主学习，创新学习；从点滴做起，脚踏实地。

“四力”是指学习力、服务力、创新力、就业力。学习力是一个人学习的

---

① 赵志群. 职业教育与培训学习新概念［M］. 北京：科学出版社，2003：25.

动力、毅力、能力的综合体现。学习的动力体现了学习的目标；学习的毅力反映了学习者的意志；学习的能力则来源于学习者掌握的知识及其在实践中的应用。职业教育信息化是培养技术技能型人才的重要支撑，信息技术变革了学习方式，高职学生要自觉培养在信息化环境下的学习能力，要养成利用信息技术学习的良好习惯；要自觉增强在网络环境下提出问题、分析问题和解决问题的能力；要不断增强健康使用信息技术的自律性；要善于利用网路通信工具进行合作讨论式的学习；要多利用信息加工工具和创作平台进行实践的、创造性的学习。学习力决定了高职学生未来的竞争力。

服务力是个人得以立足的根本。无论是高科技人才，还是普通工人，每个人每天都在为他人服务，同时也接受着他人的服务，服务无处不在，无孔不入。服务经济时代，需要全员大服务的概念，人人都希望得到最优质的服务。想要得到别人的服务，首先得学会服务别人。现在，社会最需要的人才就是愿意卷起袖子，直接去执行、去帮助别人的人。高职学生应多投入到各种志愿者服务行动中，重视历练关怀、奉献、付出等服务特质，提升服务力。

创新力是指善于运用想象堆栈未来，发现缺点后提出答案的能力。创新能力强的人，其就业竞争力也强。创新是进步的来源。创新能力并不是天生的，在很大程度上取决于后天的学习和训练。高职学生要善于在学习中破除思维定势，珍惜有限的三年时光，勇于尝试不同经历，通过积极参与教师的科研项目，自主创新，在参与中、在尝试中提升创新力。

就业力是指个人在经过学习后，能够具备获得工作、保有工作以及做好工作的能力。就业力不足是社会人才供给与需求之间最深层次的内在矛盾，是大学生就业难问题的症结所在。高职学生在校学习期间，要积极参与社团活动，积累软能力；通过实训与顶岗实习，“学以致用”，让所学技能与技术在实践中得到检验；在印证中，要善于将心态转换成“用以致学”，注重提升专业能力、适应能力和竞争能力。

“一金四力”不仅是泰州职业技术学院人才培养目标，更是泰州职业技术学院向学生提出的成人成才目标，要求学生们以“一金四力”为指导，规划高职学习生涯以及毕业后一个时期的职业生涯，并努力实现自己的规划目标。

（三）构建高职公民教育内容体系

根据以上分析，笔者构建了有关高职公民教育内容体系，见表7.1。

表 7.1　高职公民教育内容

1. 公民生活	2. 政治行为	3. 社会经济	4. 文化
1.1 个人	2.1 个人	3.1 个人	4.1 个人
1.2 家庭	2.2 家庭	3.2 家庭	4.2 家庭
1.3 高职院校	2.3 高职院校	3.3 高职院校	4.3 高职院校
1.4 社区	2.4 社区	3.4 社区	4.4 社区
1.5 国家	2.5 国家	3.5 国家	4.5 国家
1.6 地区	2.6 地区	3.6 地区	4.6 地区
1.7 国际	2.7 国际	3.7 国际	4.7 国际
知识：通过学习，学生在七个不同层面需要掌握的与四个维度的相关的信息以及对这些信息的知晓、认识、认知程度			
能力：通过学习，学生将获得公民关键能力（职业核心能力）、专业能力、政治参与能力、创新精神和创新能力以及能使用这些能力的情况			
态度：通过学习，学生对与上述指标有关的外界事物和对自己的行为应采取的态度、树立的职业道德观和职业价值观以及对这些态度、价值观的理解并指导自己行为的情况			

这个内容体系可以作为开发高职公民教育课程的依据，亦可以作为考量高职学生公民素质情况的依据。在这个框架内，人们可以结合自身特点，有所侧重或增减，设计开发符合本地本院特点的公民教育课程内容。研究者们还可以在此基础上不断修改、完善。

在全球化的背景下，社会政治、文化的多样性和个人身份的复杂性使得公民已演绎成为一个多维度的概念，公民教育是复杂的、流动的和开放的过程，各个要素之间是相互关联和相互补充的，需要建立在各种取向综合与平衡基础上的多维度的公民教育观，即强调以公民教育中的国家认同教育为基础，通过传承核心价值观，形成公民的归属感；以公民素养教育为重点，建立与公民主动参与社会事务有关的理念和技能所需要的知识基础；以公民权责教育为导向，培养民主、平等与自由的现代公民精神，形成理性的公共生活准则；以培养全球意识为目标，围绕文化共生与差异、环境恶化与能源危机以及和平与发展等主题，形成宽容与理解的态度，发展合作和共事的能力，贯彻可持续发展的理念。

与这种多维度高职公民教育取向相适应，高职公民教育内容应从单一强调培养国家认同和服从国家意识的被动公民转向培养积极参与、理性负责的主动公民，兼以促进公民能力提升，力求在个体行动与社会期望之间形成一种适度的张力，在动态平衡中不断调整与完善。

第二节　高职公民关键能力

前一节探讨了高职公民教育内容体系的确定，在体系框架中设计了公民能力内容，其中包括公民关键能力项目。由于关键能力在公民教育和职业教育中受到各国的高度重视，并且具有四两拨千斤的功效。本节就对公民能力中的关键能力做进一步梳理。

一、能力与关键能力

教育哲学中探讨公民素养，一定会提到亚里士多德，或是他的老师柏拉图，或是中世纪罗马哲学家西赛罗，他们所主张的公民素养，被认为是西方古代时期的公民必须拥有的四种主要的德性：希望人们具备正义的情操，能够拥有智慧、勇敢，懂得节制。在那时，西方先哲们不仅认识到一个人终其一生一定得学习许许多多的知识，还明确地提出作为社会成员的公民应掌握一定的关键能力。

起初，“能力”一词源自于拉丁文，并指出能力是伴随着某事或某人的。现代研究则追溯它在教育学、心理学和人力资源发展上的使用。

20 世纪 20 年代，能力本位最早为职业教育所使用，作为人们行动的科学分析，强调高成就所需要的能力。之后，能力的概念用于皮亚杰的发展科学，被解释为“个体间有着强而稳定差异的一般智力”，在不同发展阶段适应、同化、调适以建构知识，皮亚杰认知理论以通过个体与环境的交互作用建构知识能力。此外，还有一些能力概念，如“能力包括动机、特质、自我概念、态度或价值、知识、在工作上与优越表现有关的认知或行为技巧”。美国有学者在研究中指出：能力是整合技能、能力、知识在相关工作上交互作用所搜集到的学习经验之结果。

能力本位教育体系发源于美国，自 1967 年以来，成为美国颇具影响力的教育改革。由于 1957 年苏联发射第一枚人造卫星的冲击，美国在 1958 年通过国防教育法案，补助科学教育革新工作，推行职业教育，以培养高水准技术人才为重点；1961—1965 年期间进行编序教学法实验，发展行为目标，以职业分析方法发展课程；1970 年进行个别化教学实验；到 1972 年美国师范教育协会组成能力本位师资培育委员会，专门从事能力本位的分析工作。当时有 13 州以能力本位教育改进师资培育，1977 年发展至 18 州。可见，20 世纪 60 年代奠定了能力本位教育发展的基础，20 世纪 70 年代是能力本位教育获得发展期间，20 世纪 80 年代能力本位教育成为世界性潮流。

然而，能力本位教育的产生并非全然由于社会环境的冲击，在教育哲学方面，它亦受到行为主义思潮的影响。行为主义认为行为目标是可以具体认定并评价的过程，因此能力本位教育重视的也是绩效、评价、精熟学习、个别化教学等概念。显然这样的能力本位教育，能力是局限于任务当中的，其所指涉的并非个人在工作或生活中所需的完整能力，反而是指服务就业市场、生产组织与生产流程中特定环节的、被分割成只求完成各种特定零碎任务的技能，与当前国际发展之能力取向教育大相径庭。

1972 年，联邦德国劳动力市场与职业研究所所长梅腾斯向欧盟提交了一份题为《职业适应性研究概览》的报告，第一次提出“关键能力”的概念，把关键能力看作是“进入日益复杂和不可预测的世界的工具”，是“促进社会变革的一种策略”。梅腾斯的观点提出后，在欧美各国引起巨大反响，德国、英国、美国、澳大利亚等国家纷纷对关键能力展开研究，并将关键能力作为本国职业教育人才培养的一个重要目标。培养关键能力以增强学生的灵活应变能力，已成为各国各地区教育家们的共识。美国、新加坡、澳大利亚、中国香港地区等又称关键能力、通用能力、基础能力等。

先进的职业教育理念认为，学生的关键能力在所有能力中占有核心地位，因此，关键能力是公民素质的重要组成部分，关键能力的获得与公民素质的养成同等重要。“关键能力的关键在于劳动者应能独立思考，独立工作，勇于承担社会责任，善于交流合作，从而能积极应对变化多端的世界，不断重新获得新的职业知识和技能。”①

当下以及未来是全方位能力展现的时代，机会人人都可以创造，而成长的快慢，也会决定个人的发展地位。多元智能大师霍华德·加德纳从需求层面剖析人才趋势，提出决胜未来的五种关键能力：

修炼心智：至少掌握一种思维方式、一种鲜明的认知模式，而这种模式以独特的学科领域、技能或职业为特点。许多研究证实，精通一项修炼要花十年功，具备这种心智的人也懂得与时俱进，稳定增进技能与理解力，用术语表达，就是具有高度纪律。当一个人没有拥有至少一项能由自己掌握的修炼，也就注定要随别人的意向起舞。

---

① 邓泽民，王宽. 四大职教模式［M］. 北京：中国铁道出版社，2006：94－96.

统合心智：善于接收各方信息，并经过客观理解与评估，用个人和其他人认为合理的方式将信息加以统合。统合能力在过去就被视为难能可贵，随着信息不断以令人目眩的速度增加，这种能力更将不可或缺。

创造心智：以修炼和统合的成果为基础，开创一片新天地。具备这种心智的人懂得发表新观念，提出没人问过的问题，呈现崭新思维，最后得出意外答案。这些创新终究必须获得内行人士的认同，由于创造心智是要在新疆界开疆拓土，即使已有最精密的计算机、机器人，也要设法至少超前一步。

尊重心智：体会并认识到现代人不能只靠自己的聪明才智或局限于所属领域，尊重心智观察并接受不同个人或族群之间的差异，试着理解这些人，并设法跟他们达成有效能的合作。在这个紧密联结的世界，宽容或尊重是必要的。

伦理心智：在比尊重心智更抽象的层次上，更深入思索人的工作本质，以及我们身处的社会有哪些需要和渴望。这个心智将工作者如何满足自利之外的目的、公民如何为全体人类进步而无私奉献等加以概念化。伦理心智就是在这些分析基础上采取行动。

加德纳认为以上五种能力缺一不可。他认为，如果将来我们需要管理者、领导者和公民，就必须培养前述五种心智以迎接未来：不具备一项或多项修炼的个人，将没有能力在任何要求严苛的职场成功；缺乏统合能力的个人，将没有能力对个人或专业的事务做出明智决定；缺乏创造力的人将被计算机取代，并且赶走真正有创意火花的人；不尊重他人的人也将不值得被尊重，且将为害职场与公众；没有伦理道德观，将制造一个欠缺正派工作者与负责公民的世界。我们要在地球上共存，就有赖于这五种心智的培养。

我国台湾省有学者定义能力是由知识、技巧与态度组合而成，而关键能力是指每一个人都需要的能力，以完成个人之自我实现与发展，成为主动积极的公民，更好地融入社会与就业。

综上所述，能力的概念性定义，归纳为以下三点：

（1）能力概念是需求取向的，必须符合个人的需要、工作或挑战，和职位岗位、社会角色、个人职业规划有关。

（2）能力可以从学习中获得，经由教学的、社会的、动机的刺激，在一定条件下，能力是可教的、可学的。

（3）能力涉及认知和非认知因素，情绪、态度、价值观、有效管理知识和技能等全方位的定义是未来研究的趋势。

显然，关键能力的界定，已经从技术、技能演变到公民的价值观念、态度和素养等方面的培养，它不仅要能从外显行为中检测，更强调人的精神或内在层次的提升。

二、OECD 公民关键能力

经济合作与发展组织（Organization for Economic Co-operation and Development，简称 OECD），于 1998—2002 年进行了一项大规模研究，称之为 Definition and Selection of Competencies：Theoretical and Conceptual Foundations（简称 DeSeCo），尝试凝聚多数欧盟国家的共同理念，形成面对 21 世纪各项挑战的行动准则，并让欧盟各国体认到个人能力培养与集体福祉之间的密切关联，进而前瞻性地探索未来社会中，个人应该具备哪些基本的知识能力，方能同时促成成功的生活及健全的社会。

OECD（2005）认为关键能力的选择必须符合三项条件：

（1）必须有价值且可产生经济与社会效益；

（2）必须能够应用在各种生活领域中并带来益处；

（3）必须对每个人都重要且能持续发展与维持。

基于上述理念，DeSeCo Project 所谓的关键能力指的是一个人在特定的情境中，能成功地满足情境中的复杂要求与挑战，顺利执行生活任务，强调个体在复杂的环境中，如何借由自我的特质、思考、选择及行动，获得成功的生活或美好生活的理想结果。在 OECD 的支持下，DeSeCo Project 的研究者提出了关键能力的三个维度：

（1）能使用工具沟通互动。个人必须能够广泛的运用工具，以有效地与环境互动，包括物质工具，如资讯科技；以及社会文化工具，如语言的使用。在此意义上，工具不只是被动的媒介，同时也是人与环境之间积极互动的通道。运用工具与人互动的能力包括三项具体内容：① 使用语言、符号及文章沟通互动；② 使用知识与讯息沟通互动；③ 使用科技沟通互动。

（2）能在社会异质团体运作。在一个日益相互依赖的世界中，“个人必须能够与人群互动，进而能够从广泛的背景脉络中对人们有更深的认识。有鉴于个人需要处理多元社会的多样性，并且与人建立新的合作形式以及建立适宜的人际网络以累积社会资本，个人有必要发展与异质性团体互动的能力，而这也是一种社会能力与跨文化能力。这项范畴涵盖三项能力：① 与人为善；② 团队合作；③ 处理及解决冲突。

（3）能自主行动。个人能够负责本身的生活管理，在广泛的社会脉络中，处理好个人生活以及自主地行动。“个人必须一方面了解本身的环境、社会动态、个人所扮演的角色并且想要善加扮演之；个人必须能够自主行动，以有效率的参与社会发展，并且能够在各种生命阶段、职场、家庭生活与社会生活中运作良好。”自主行动在现代世界中尤为重要，个人必须建立自己的认同，并赋予生命的意义。这项范畴包括三项能力：① 在复杂的大环境中行动与决策；② 规划及执行生活计划与个人方案；③ 主张及维护个人权力、利益与限制。

OECD 提出的 DeSeCo 架构内涵与个人发展关键能力之学习可谓紧密相连。这些关键能力亦正是个人终身学习所需具备的，而这些能力的强化可通过终身学习的历程来达到，足见能力的发展并非在青少年期即结束，而是持续到成年期。DeSeCo 架构的发展，汇集了各领域专家学者与利害关系人的观点，进而整合分析及建构出现代世界所需要的关键能力。

三、公民核心能力

在我国台湾省，有的应用型高校非常关注对学生核心能力的培养。如朝阳科技大学提出他们学校的教育目标是“培养专业技能与职业伦理兼备的优质人才，达成毕业即就业，上班即上手的使命”。根据这一目标，确定了该校学生应该获得四大核心能力：专业与实务能力、信息科技应用能力、沟通协调与团队工作能力和自主学习能力。

我国台湾有研究者从就业力的视角揭示了关键能力的必要性，认为就业力（Employability）关注的是在某一专业领域的长期生涯发展，甚至可转换至不同专业领域的工作能力之培养，因此，并不狭隘地注重大学毕业生的就业而已，而是重视大学毕业生的竞争力。2006 年，我国台湾青年辅导委员会发表“大专毕业生就业力调查”报告，提出最重要的八项核心就业力。核心就业力可以分成三个级别，分别是：

第一级，有利于就业的工作态度与良好合作能力的工作态度：包括稳定性及抗压性、团队合作能力、了解并遵守专业伦理及道德；

第二级，职业生涯规划管理与积极学习进取：包括学习意愿及可塑性、职业生涯规划能力、了解产业环境及发展、求职及自我行销能力、创新能力、领导能力；

第三级，具备专业知识，并能运用于工作上：包括表达沟通能力、发掘及解决问题的能力、专业知识与技术、基础电脑应用技能、外语能力、能将其应用到实践的能力。

四、欧美澳中公民关键能力

关键能力的概念首先受到西方发达国家的重视，把培养关键能力作为职业教育的一个重要目标。各国学者对关键能力都提出了自己的见解。

欧盟确定的公民关键能力是指：一个人要在知识社会中自我实现、社会融入以及就业时所需的能力。此能力包括知识、技能与态度三层面。因此关键能力是作为决策者在创造终身学习机会时必要的参考工具。

英国作为老牌的职业教育国家，从20世纪70年代末起就很快引入这一概念，经过20多年的研究和完善，英国工业联盟、教育与就业部以及资格与课程署共同认可的六种关键能力是：交流、数字运用、信息技术、与人合作、提高自我学习和增进绩效、解决问题的能力。这六种能力，是当今社会每个大学毕业生，特别是高职毕业生乃至每一个社会人取得成功所必需的技能。其内涵和掌握程度视不同的职业要求可能会有一些区别，但都是必须具备的。其中前三项是主要关键能力，在职业资格课程中必修，后三项是广泛关键能力，对其要求相对较低，它们被包含在所有的现代学徒制和国家培训计划中。在英国BTEC（Business & Technology Education Council，是英国商业与技术教育委员会的简称）职教模式中，专业培养目标包括通用能力和专业能力。通用的含义不是针对某一具体的职业，而是从事任何职业都需要具备的能力。通用能力是继续学习的基础，使就业、晋升、转岗等多样性选择的人们具有更强的竞争力。BTEC模式的通用能力领域及目标见表7.2。

7.2　英国BTEC模式的通用能力领域及目标

通用能力领域	目　标
自我管理和自我发展	安排自己的任务和承担责任；安排自己的时间完成课题，实施个人和职业发展；灵活运用所获得的能力到新的多变的环境中
与他人合作共事	尊重他人的价值、信仰和观点；与个人和群体良好地合作和交往；做团队中的积极成员
交往和联系	接收和应答变化的信息；用各种直观的方式表达信息，用书面形式交流；用语言和形体语言参与交流
安排任务和解决问题	利用信息资源；处理常规或非常规工作，发现并解决常规式非常规问题
数字的运用 科技的运用 设计和创新	运用数字技能和技巧；使用多样性的科技设备和系统；应用各种技能和技术提出产品开发、服务和在不同情形下的新设想，进行多角度思维

美国关键能力的发展主要目的在于培育具备21世纪工作技能及竞争能力

的学生。在21世纪的技能已成为领先的宣传重点，决策者确定了21世纪的教育构想，确保学生从学校所学的技能足以适应21世纪所需，以当个称职的社会公民、员工及领导者。20世纪80年代末，美国成立专门委员会，进行长期调查与研究，之后，美国劳工部在其发表的SCANS（Secretary's Commission for Achieving Necessary Skills）报告中提出了一个人进入劳动市场所必备的五方面关键能力：一是分配时间、制定目标和突出重点目标的能力，以及分配经费和准备预算的能力；二是确定所需要的数据并设法获得数据、处理和保存数据的能力；三是作为小组成员参与活动以及与他人交流的能力；四是了解社会、组织和技术系统是如何运行的，并懂得如何操纵它们；五是选择技术的能力以及在工作中应用技术的能力。

澳大利亚的学者认为，关键能力是指有效参与正在出现的工作形式和工作组织所必需的能力，是在工作情境中综合应用知识和技能的能力。其重点在于以一种整合方式将知识或技术应用于工作。关键能力是一般性的，它们并不是适用于特殊工作领域或特定工作，而是能广泛应用于一般工作。这项特性也意味着关键能力不仅能帮助学生有效参与工作生活，亦能从实质上帮助学生有效地接受继续教育或更广泛地参与成人世界。它包括七方面的能力：一是收集、分析、处理意见和信息的能力；二是表达和交流的能力；三是规划和组织的能力；四是团队合作；五是数字能力；六是解决问题的能力；七是利用新技术的能力。澳大利亚TAFF模式培养目标由关键能力和专业能力构成。专业能力目标在专业培训中以能力体系形式展现，采用了CBE能力图表的思想，用能力领域和能力单元来表现能力体系，如信息技术培训包由11个能力领域、328个能力单元构成。而关键能力则规定得相对粗一些，构成见表7.3。

澳大利亚的界定有其鲜明的特色，它强调的是学以致用的学习、工作及生活的基本能力。这就是说，以“关键能力”为取向的教育，明显地有别于以智力为取向的教育，也不同于能力本位的职业教育，相反，则是考虑到了新公民在学习、工作及生活上都不可或缺的全方位的基本能力。

表7.3 澳大利亚TAFF模式中的关键能力

关键能力	
收集、分析和整理信息的能力	运用数学方法和数学计算的能力
交流思想与信息的能力	解决问题的能力
计划与组织活动的能力	使用技术手段的能力
与他人合作的能力	文化理解的能力

德国社会教育学家梅腾斯将关键能力定义为：关键能力指的是具体的专业知识和专业技能以外的能力，这种能力帮助劳动者能胜任人生生涯中不可预见的各种变化，这种跨专业的知识和技能能够使劳动者在变化了的环境中重新获得新的职业知识和技能。他在《关键能力——现代社会的教育使命》一文中指出，关键能力由四种基本要素组成：

（1）基本能力：这是高于具体专业能力之上的能力或者说是各种具体的特殊专业能力所具有的共同特性，同时它们又可以自上而下地向特殊专业能力迁移和变化。这些能力包括逻辑性、计划性和连贯性思维等。

（2）水平迁移能力：这是有效地运用信息的能力，也就是说，学习者应该具有信息概念或意识，如信息是什么，如何搜集和获得信息，如何处理信息等。运用信息的目的是为了扩展知识水平或保证不同知识领域之间的水平迁移。

（3）共同的知识原理：这里指的是不同职业或专业领域具有共性的知识和能力，如测量技术、机器维护、劳动安全意识、环境保护意识、计划安排、合作等。

（4）传统的、经久不衰的能力：它强调的是，当职业发生变更，或随着劳动者年龄的变化，劳动者过去所具备的这种能力依然起作用，如社会和法律知识、经济常识、计算机知识、外语、自然科学、历史知识等。

梅腾斯“关键能力”概念的提出，使德国职业教育界在劳动者职业能力的培养要求上发生较大变化，德国国内学者对此展开热烈讨论。“关键能力”的内涵不断得到丰富和发展，扩展到六个能力领域，即专业能力、方法能力、社会能力、自我能力、应用能力、环保能力。其中“方法能力”包括组织能力、解决问题能力、独立工作能力、时间管理能力、应用现有知识的能力、发现并弥补知识漏洞的能力、批判性思维能力、分析能力。“社会能力”包括合作能力、协商谈判能力、领导能力、交流能力、实施能力、书面表达能力、口头表达能力、危机管理能力、考虑他人看法和利益的能力。“自我能力”包括全力以赴和自律工作的能力、敢于负责的能力、适应环境变化的能力、自我反省的能力。“应用能力”指将理论和研究成果应用于实践的能力。“环保能力”指了解自己的工作对自然和社会的影响的能力。

德国双元制的培养目标及能力构成更加清晰地反映了公民关键能力的组成项目，见表7.4。

表 7.4 德国双元制关键能力的组成项目

能力 目标	社会能力——基本发展能力、生存能力	方法能力——基本发展能力	专业能力——基本发展能力
	目标：学会共处、学会做人	目标：学会学习、学会工作	目标：专业知识、专业技能
从业能力	组织协调能力 交往合作能力 适应转换能力 批评与自我批评能力 口头与书面表达能力 心理承受能力 社会责任感	制订工作计划 解决问题的思维方式 独立学习新知识、新技术的方法 对工作学习结果的评估方式	从事生产、管理、服务等职业所需要的能力
关键能力	社会责任感 心理承受能力 参与意识 积极性 主动性 成功欲 自信心 宽容 团体工作的协调 语言及文字的表达	分析与综合 逻辑与抽象思维 联想与创造 决策 信息的截取 全局与系统思维 评价与传递 时间意识 定位	职业适应能力 对新技术的接受能力 质量意识 时间意识 安全意识 经济意识 提出合理化建议的能力
	关键能力的关键在于劳动者应能独立思考、独立工作、勇于承担社会责任、善于进行交流合作，从而能积极应对变化多端的世界，不断重新获得新的职业知识和技能		

目前，德国学者比较一致的共识是，关键能力是指在所有职业领域都至关重要的能力，但它们并不直接与具体的社会生产活动和商业活动相联系。关键能力是对那些与具体职业和专业课程无关的，而对现代生产和社会的顺利运转起着关键作用的能力的总称。

20 世纪 90 年代，“关键能力”这一概念引入我国，以姜大源为代表的许多国内学者对关键能力展开了研究。姜大源把关键能力理解为：当劳动组织发生变化或职业变更时，这种能力依然存在，它能帮助劳动者重新获得新的知识或新的技能。他将关键能力分为二大类：专业能力、方法能力、社会能力。专业能力指利用专业知识、技能独立解决具体问题的能力；方法能力指个人对社会生活中的发展机遇、要求和限制作出解释，思考和评价并开发自己的智力，设计发展道路的能力；社会能力包括与他人合作、自我控制与管理、自我反省、承受能力、适应变化、责任意识和组织纪律性等。我国劳动和社会保障部根据我国的实际情况，并借鉴发达国家的成功经验，把关键能力分为八个模块：①交流表达能力；②数字运算能力；③革新创新能力；④自我提高能力；⑤与人合作能力；⑥解决问题能力；⑦信息处理能力；⑧外语应用能力。2003年教育部进行的高职院校人才培养水平评估工作中，其中对学生素质的测评就包括收集处理信息的能力、获取新知识的能力等关键能力的评估。

比较德、英、美、澳、中五国，可以发现由于各国社会经济发展现状和要求不同，加上学术界对关键能力研究程度不同，不同国家对关键能力的内涵和解释不完全相同。其中交流能力、与人合作能力，同时出现在五个国家的定义中，这表明沟通、合作的重要性已经得到不同经济文化背景下人们的共同认可。当今社会离不开信息的交流和共享，个人能力固然重要，但更需要团队协作来推动技术进步。自我提高的能力，在英国和中国的定义中都有，在德国的定义中被描述为自我反省的能力，美国和澳大利亚没有提及。数学应用能力在英、美、澳、中四国的定义中都有涉及，这表明数理能力在工作实践中具有重要意义，但它未出现在德国的定义中，由于对关键能力分类不同，德国可能将其归于“应用能力”范畴。组织与规划能力，在德、美、澳三国的定义中都有所体现，但未出现在中、英两国的定义中，可能两国学者认为它渗透在合作交流、解决问题的能力中。解决问题的能力，在德、英、澳、中四国的定义中都有提到，美国的定义没有明确提出，但其定义中目标指向就是为了解决问题。

综上所述，虽然各国在关键能力内涵的表述上不完全相同，但其基本思想是一致的。首先，与以往只注重劳动者的专业知识和技能不同，关键能力强调劳动者对工作的胜任力和适应性。鉴于全球化时代的到来，知识技术更新速度的加快，一次性学校“充电”，一辈子工作中“放电”的时代已成为历史。学校不可能提供让学生可以受用一生的专业知识和技能，所以学校的教育职责必须由过去的单纯传授知识技能，转变为在传授知识技能的基础上帮助学生学会适应变化，学会不断地学习，提高学生对未来社会的适应能力。其次，关键能力是对能力本位教育思想的进一步发展。关键能力的内涵不仅涉及认知能力、理解能力、推理能力等一般智力结构要素，还包含交流与合作、自我反省、承受能力、责任心等非智力因素。最后，关键能力具有相通性和可转换性，它不针对某种具体的职业和岗位，但无论从事哪种职业都离不开它。

第八章　高职公民教育的取向选择——行动导向

第一节　行动导向的意义

如果说中小学公民教育重在养成教育，那么高职学生公民教育重在行动导向的教育。什么是行动导向？怎样理解行动导向？

行动导向，又被称为实践导向、行动引导、活动导向，是指由师生共同确定的行动产品来引导学习组织过程，学生通过主动和全面的学习，达到脑力劳动和体力劳动的统一，代表了当今世界上的一种先进学习理念，对于提高抽象思维能力相对较弱而形象思维能力较强的高职学生的公民素质和公民能力有显著的效果。行动导向理念从根本上变革了传统的教育理念，让学生通过活动学习，是提高学生公民能力和公民素养的重要方法。

行动导向公民教育理念由“社区参与学习 ”延伸而来，不再局限于以教室为中心的教学空间，而是把社区当成发展学生公民素质的大课堂，同时也让学校承担起影响与改造社区乃至社会的责任。相对于认知与情感取向的公民教育课程来说，行动取向课程把公民知识付诸公民行动，在公民行动中学习公民知识，激发公民情感，培养公民精神，其独特作用在于促进“知情意行”等诸方面公民素质的全面发展。

《教育部等部门关于进一步加强高校实践育人工作的若干意见》（教思政〔2012〕1号）提出，“要充分认识高校实践育人工作的重要性，坚持理论学习、创新思维与社会实践相统一，坚持向实践学习、向人民群众学习，是大学生成长成才的必由之路。进一步加强高校实践育人工作，对于不断增强学生服务国家、服务人民的社会责任感、勇于探索的创新精神、善于解决问题的实践能力，具有不可替代的重要作用”；“对于深化教育教学改革、提高人才培养质量，服务于加快转变经济发展方式、建设创新型国家和人力资源强国，具有重要而深远的意义”；“强化实践教学环节，各高校要结合专业特点和人才培养要求，分类制定实践教学标准，增加实践教学比重，高职高专类专业不少于50%”。可见，实践是高等教育育人的重要方式，是理论教学不可替代的。高职公民教育亦应在实践育人的框架内统筹考虑。

根据国际21世纪教育委员会的报告，面对未来社会的发展，教育应围绕四种基本的学习加以安排，这四种学习是每一个人一生的知识支柱，因此今天的“学”应包括学会认知、学会做事、学会生活、学会生存四方面的内容。“四学会”从一个侧面印证了当代人们的知识观和人才观的转变，即由重知识向重能力和重素质转移。如何培养能力和素质？传统智力理论认为语言能力和数理逻辑能力是智力的核心，智力是以这两者整合方式而存在的一种能力。这种定义过于狭窄，未能正确反映一个人的真实能力。我们不否认，对于抽象思维能力比较强的人来说，一定知识的积累可以内化为个人的能力和素质，但对于形象思维比较强的人来说，这条路是行不通的，他们需要通过具体的行动和恰当的行为方式才能在做中学习，并能通过行动提高认知水平，这就是职业教育界颇为流行的行动导向学习法，公民能力与公民素养的获得，如同职业教育综合能力和职业素养的获得一样，需要通过行动获得。

重视实践在我国有着悠久的历史传统，不同的历史时期其内涵和表现形式是不同的。我国历史上早有行动学习的学说，被尊称为“至圣先师”的孔子主张“学而时习之，不亦说乎”，重点是“学”和“习”。古时候的“习（習）”字是会意字，上面是一个羽毛的羽字，下面是一个白字，加起来是白色的羽毛，意指小鸟在练习飞翔之意。把“学”和“习”加在一起即为学习，隐含的意思是追求真理，并能在实践中得到检验、应用与完善，在实践中体现学习的价值。荀子说：“不闻不若闻之，闻之不若见之，见之不若知之，知之不若行之。学至于行之而止矣”，强调亲身实践的学习方式比听听、看看的学习方式重要得多。《中庸》将学习过程概括为：“博学之，审问之，慎思之，明辨之，笃行之。”也是强调“博学、审问、慎思、明辨”只有与笃行同修，才能达到学习效果。不过，“我国古代所探讨的‘知行观’以及传统教育中对知与行关系的理解，主要侧重于哲学层面的思辨，并没有落实到的教育实践中。加上科举取士的流弊，最后反倒形成了‘手脑分家’‘两耳不闻窗外事，一心只读圣贤书’的教育传统”。①

近代废除科举之后，我国仿照西方设立了新式学堂，实用主义主导了彼时

---

① 王正明，范玉芳．对实践教育内涵的认识与思考［J］．中国大学教学，2014（02）：68－71．

刚刚起步的新式教育，实践教学在学校教育中受到重视。受杜威“做中学”思想的影响，20 世纪初我国还兴起了以陶行知的生活教育理论为代表的、重实践的教育思潮，此时的重实践强调的教育要面向社会，要与生活和职业训练相结合，将知识的习得与运用合而为一。

1958 年，在总结革命战争时期人才培养经验的基础上，毛泽东提出了“教育必须同生产劳动相结合”的主张，并从此成为我国的一项基本教育方针，即知识分子与工农结合、脑力劳动和体力劳动结合、理论联系实际的思想，通过学校办工厂、工厂办学校，学工、学农、学军，实行半工半读，学校开展勤工俭学等形式促进实践教育。20 世纪的五六十年代是新中国成立以来学校最为重视实践教育的时期，但在理解与执行中却存在着明显的历史局限性，比如将实践仅仅理解为生产劳动，又把生产劳动简化为主要是搞体力劳动和思想改造。

改革开放转变了人们的教育理念，丰富了实践教育内涵。将“教劳结合”的教育方针进一步发展为“教育与生产劳动和社会实践相结合”，使得实践教育的范畴不仅包括生产劳动，还涵盖了整个社会实践。后来，我国高等教育由精英化向大众化、普及化转型，大学生的就业竞争也日趋激烈。在这样的时代背景下，当前所倡导的实践教育，核心思想是教会学生做人和做事。“培养学生学会做人，就是通过实践教育实现学生的个性化和社会化的协调发展。培养学生学会做事，就是通过实践教育帮助学生掌握知识，发展能力，特别是发展学生的学习能力、就业能力、工作转换能力和创业能力。[①]”

由于实践是知识内化为能力和素质的根本途径，实践教育与公民教育一脉相承。公民素养的养成，其根本在于实践。没有公民教育实践，就不会有相应的公民品德与公民能力，即不会有相应的公民素质。实践教育思想与公民教育内涵的这种内在一致性，在《国家中长期教育改革和发展规划纲要（2010—2020 年)》中得到了印证。《纲要》指出，全面实施素质教育的重点在于“着力提高学生服务国家人民的社会责任感、勇于探索的创新精神和善于解决问题的实践能力”。

国外的以美国著名教育家杜威提出的“教育即生活”和“教育即社会”为代表，强调“教育不是未来生活的预备，而是现实生活的过程”，要在“做中学”。杜威认为一个人最好从“做”中学习，学习不仅应该包括使用书本，而且包括使用工具和使用与学习有关的材料；学习不仅应该在学校内，还应该

---

① 王正明，范玉芳．对实践教育内涵的认识与思考［J］．中国大学教学，2014（02）：68 -71.

包括在一个社会之中，使学习尽可能多地与劳动和社会相互作用。杜威倡导通过多种活动让学生在做实际的事情中获得各种知识和经验并提高能力技能，这种观点可以作为培养和发展学生公民能力和道德观念的理论依据。

另一位代表人物是美国教育家兰祖利，他于 1986 年提出了优化教学理论，他认为学生个体的内部环境和学习的外部环境必须形成良性互动，以达到优化教学的目的。只有学生的兴趣被充分调动时，学习才会主动、生动、有效。根据他的观点，公民教育实践大体可分为两种模式，第一种是教授—接受式的，强调教师权威，严格按照现有的知识体系传授知识，学生处于被动接受的地位，这种模式不关注学生的独立能力。第二种是建构—探究式的，强调在具体公民教育实践场所（如小组、班级、校园、企业、社区等）中摸索和掌握公民技能，学习者更主动地介入学习过程，教师则起指导作用。显然，第二种模式可以作为行动导向公民教育学习法的理论依据，它注重学习过程中的互动性，环境提供机会，学生个体利用这些机会发展自己的潜力，也注重学习过程中师生的双向作用，在这样的学习情境中培养学生的自信心、自尊心，培养学生的公民素养。也有人提出了以反思实践的模式进行社会科（含公民教育）教学。这一取向的特点是：以关怀伦理学弥补情意方面之不足，以反思实践为教学模式的内涵，试图以课程带动社会的转型，培养具有实践能力、反思精神与关怀品质的公民。反思实践模式引起了很多关注，一些学者提出借助行动取向的公民教育课程，通过反思性社会行动，培养积极参与的、公民效能高的、有关爱精神与社会正义感的公民。

世界著名公民教育专家派翠克（Patrick）提出 21 世纪国家公民教育和课程发展具有十大趋势，其中有三方面与公民行动教育有直接关系，分别是发展公民做决定和判断技能，通过合作教学发展公民参与技能和提高公民道德，在教学过程中把内容和过程结合在一起。据此，可以推断公民行动教育理念反映了公民教育的最新理论趋势。

传统教学把学习变成以看书、认知、获得间接经验为主，这种学习背离了“学和习”的本意，虽然它可以保证人类文明高效率的继承和发展，然而这种抽象的学习却是以牺牲个体的直接成长体验为代价的，因此这种学习被异化为一种单纯的“学”，而“习”的因素却不见了。在历史进入到信息化时代的当今，职业教育的行动导向学习将“学”和“习”系统化设计在以工作过程为导向的学习内容中，复归学习的本性，而这正是行动导向的意义所在。

现代心理学研究成果表明，所有行动过程总是按照一个完整的行动模式进行，它可以划分为确认任务、计划、实施以及检查评价与结果记录四个阶段。确认任务阶段的重点是明确目标，分析存在的困难以及为达到目标所要做的工作、需要的条件和应当满足的要求，培养明确目标能力。计划阶段主要是为了搞清楚为完成任务的必要条件和组织保障，必须在大脑中模拟和想象出具体的工作过程，培养计划能力。实施阶段的重点是完成任务并记录过程，培养过程中的经验提炼能力。检查、评价与结果记录阶段重点是找到过程中产生不足或缺陷的原因，评价是从经济、社会、政治和思维发展等多方面对完成任务过程的设计和完成任务成果进行的全面评价。现在职业教育界又对行动导向学习过程进行了细分，具体分为收集信息、制订工作计划、决定计划、实施、检查和评估六步骤，这是完整的行动模式。在这一完整的行动模式中，学生始终占据主体地位，学生在获取真知的过程中，必然会引起他们的思维方法、行为方式、团队合作等方面的综合素质的变化；要求教师对不同类型的学生因材施教，尊重学生的差异性，帮助他们树立自信心和自尊心，促进健全人格的塑造和发展；它采用非学科式的、以能力为基础的、开放的活动模式，学生以团队的形式进行探究性学习，借助团队的力量互相协作，共同完成学习任务。可以看出，完整的行动模式，几乎可以分析在工作和生活中发生的一切行动。要想培养高职学生系统工作能力和处理问题能力，就必须重视完整行动这一系统化过程中的每一个阶段。我们传统的教学正是因为仅仅涉及或重视了其中的个别阶段，如获取信息常常被简单化为被动地接受理论知识，实施被作为常规技能训练，而忽略了诸如计划和检查这些关键性的环节，从而造成公民能力的结构性缺陷，计划和评估这些能力恰恰是形成公民关键能力——创新能力的基础。

第二节　职业教育中的实践教育

任何能力只有通过训练才能获得，思维能力需要通过不断地思维才能获得，职业能力只有通过反复地完成职业活动才能获得，公民能力只有通过丰富的公民实践活动才能获得。这是因为任何情境化的职业活动或公民活动都是一个系统，它是由许多要素组成的，包括知识、技能等人的要素，材料、工具等物的要素，以及实践活动的目的、任务等岗位因素或角色要素，而这些要素不是按照静态方式结合的。公民实践活动如同职业活动一样是一个过程，它是各种要素的动态结合。只有当主体充分发挥主观能动性，把这些要素有机结合起来，并对活动对象施加影响，才能产生公民实践活动。也只有在活动中，公民才能真正获得公民能力。显然，基于行动导向的公民实践教育比公民知识、技能、态度的获得重要得多。

那么，什么是“实践”？这是一个历久弥新的话题。王正明认为，可以从广义和狭义两个范畴来理解，从广义上说，实践是人类认识和改造主观世界与客观世界的所有活动。从狭义上说，实践是指人类改造主观和客观世界的活动，与认识相对应，认识属于“想”的范畴，而实践则属于“做”的范畴。

“实践育人”所指的应该是哪一个范畴中的实践？王正明认为不应该采用第一种广义的定义，理由是如果将实践泛化为所有的教学活动，就会使“实践育人”失去目标和重点。实际上，马克思、恩格斯早就指出，人类的劳动有“物质劳动”和“精神劳动”之分。因此“实践育人”所指的实践，既包括物质活动也包括精神活动，而且在高等院校里，精神活动应当是更为普遍的一种实践活动。所以，“实践育人”所指的实践，应当属于上面第二种定义的范畴，是指“改造”世界的活动。“改造”与“认识”相对应，“世界”既指客观世界又指主观世界，而“活动”则既包括物质活动又包括精神活动。

为了更好地理解实践育人，王正明提出了与实践概念密切相关的两个概念：实践教育与实践教学，并进行了区分，他认为实践教学也称为实践性教学，根据顾明远主编的《教育大辞典》把实践性教学定义为：相对于理论教学的各种教学活动的总称，包括实验、实习、设计、工程测绘、社会调查等，旨在使学生获得感性知识，掌握技能、技巧，养成理论联系实际的作风和独立工作的能力。由此可见，实践教学是与理论教学相对应的一类教学活动，理论教学包括了课堂讲授、课堂练习等教学环节，实践教学则包括了实验课、实习、实训、课程设计、毕业设计（论文）、顶岗实习等教学环节。

王正明认为，实践教育的内涵和范畴要比实践教学丰富得多，但是目前尚未形成统一的认识，也没有明确的定义。《教育部等部门关于进一步加强高校实践育人工作的若干意见》指出：“实践教学、军事训练、社会实践活动是实践育人的主要形式。”所以从内涵范畴上看，实践教育涵盖了实践教学，实践教学是实践教育的一种形式。顾秉林教授认为：“实践教育是指围绕教育教学活动目的而开展的、学生亲身体验的实践活动。它既包括为认识探索自然规律、掌握技术知识而开展的科学实验、生产实习等必要的验证性实验，也包括为解决实际的生产和社会问题，提高创新能力而开展的研究性、探索性、设计性、综合性实践，还包括以了解社会和国情、提高全面素质为宗旨的社会实践。”①

① 顾秉林．加强实践教育 培养创新人才［J］．清华大学教育研究，2004（06）：1－5.

在职业教育界，实践教育不仅仅是一种教育途径或教育活动，它更是一种教育理念，是职业院校以就业为导向，创新工学结合、校企合作人才培养模式的关键领域。“作为一种教育思想，实践教育是以培养学生的实践能力和全面素质为根本目标的，贯穿于人才培养的全过程，不仅用以指导实践教学，也用以指导理论教学。因此，实践教育是教育思想与教育活动相统一的教育体系。①”

虽然，职业教育普遍重视实践教育，但对于实践教育还存在一些认识上的偏差。特别是在人才培养工作中对实践教育活动的一些狭隘化甚至片面的理解，值得我们深思。

1. 将实践教育等同于实践教学，理论教学与实践教学两张皮

前面已经提到，实践教学属于教学活动范畴，实践教育则是教育思想与教育活动相统一的教育体系，将实践教育理解为实践教学，就等于将实践教育降低到了教学活动层面，而忽视了它作为一种教育思想的观念层面的意义。这种认识的直接后果就是理论教学与实践教学两张皮，简单地以为理论教学就是传授知识，实践教学就是培养能力，背离了职业教育的工作过程导向的学习理念。

“理论教学亦称知识教学，是指以人类在长期的社会实践或科学探究中积累的经验成果作为主要内容而进行的教学活动。”②理论教学虽然以传授作为间接经验的书本知识为主，但其目的仍然是为了解决实际生活问题，因为知识只有通过运用才变得有意义。面向实践的理论教学是培养学生实践能力的基础，也是其中的一个重要环节。“理论教学与实践能力培养不是各自为政、平行推进的关系，而是双向互动、彼此融合的关系。所以，理论教学与实践教学都应当贯彻实践教育的理念，以能力培养为根本目标，将知识学习与知识运用、学生的知与行统一起来。”③

2. 将实践教育狭隘地理解为专业实践教学

职业教育在设计实践教育活动时，通常只关注专业教育，将实践教育理解为专业实践教学，忽视对公民教育的通盘考虑，这势必影响高职院校学生的一般实践能力和综合素质的培养。公民教育与职业教育有着根本区别，它的目的是培养学生具有独立思考能力，在于培养学生的心智、人格、个性以及社会责

---

①②③ 王正明，范玉芳．对实践教育内涵的认识与思考［J］．中国大学教学，2014（02）：68－71．

任感，因而公民教育尤其应当重视实践育人。只有通过实践，高职学生才能与社会建立起有意义的连接，公民教育才能使知识内化为学生个人的方法和品质，有效地发展学生的表达能力、批判思维能力、道德推理能力、多元文化适应能力等公民能力。只有通过实践，才能使高职学生在获得直接经验的过程中养成良好的品格个性和道德情操。因此，实践教育应当成为贯通专业教育和公民教育的一根主线，公民教育亦应积极探索创新实践育人模式。

3. 重视工科的实践教学活动而轻视文科的实践教学活动

在高等职业院校里，工科专业教学仪器设备的投入远远大于文科专业的实践教学仪器设备投入，即使国家层面都非常重视的思想政治课程和德育课程的实践设备投入亦是如此。其实，这对于培养高职学生的公民素质是非常不利的。

事实上，文科知识具有培养人文精神，帮助学生形成正确的世界观、人生观和价值观的不可替代作用，人文科目的实践教学能够培养学生的公民素质与能力，如职业素养、分析与解决工作问题的能力、创新意识和团队精神等，因此人文科目的教学更应当重视学生的实际体验，高职院校要注意构建一体化的实践教育体系，才能最大效能地发挥实践育人功能。

实践教育作为一种教育思想被确立起来，必将带来人才培养理念和模式的深刻变革，因此实践教育成为高职院校深化教育教学改革、提高人才培养质量的突破口。实践教育架起了沟通高职院校与社会经济的桥梁，有利于职业教育积极回应社会需求，成为高职院校提升服务社会能力的切入点。世界一流大学的办学经验证明，实践教育亦成为学校形成办学特色的着力点。可见，实践教育在今天已经突破了传统的育人内涵，被赋予了办学治校的战略意义。因此，将实践教育运用在高职公民教育过程中符合教育发展的规律性要求。

第三节 参与式高职公民教育实践体系的构建

根据《中共中央关于全面深化改革若干重大问题的决定》中关于“各层次各领域扩大公民的有序政治参与”的内容要求，可以确定，当下我国公民教育的目标是参与式公民。积极构建参与式公民教育实践体系应是这一目标实现的最直接、最有效的途径。公民参与既是完整的公民教育的重要组成

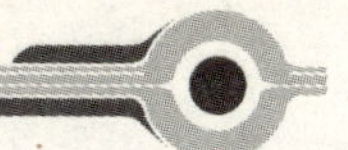

部分，也是促进公民意识提升的重要途径。通过生活场域的参与，不仅可以锻炼公民的公民事务参与能力，同时可以深化个体对公民现象的认知和理解，强化个体对于国家和民族的认同。教育要为学生参与公民生活准备技能，包括收集与处理信息、协商、讨论、交谈、说服、决策、解决冲突等方面的技能。

早在1998年，我国香港学者黎国雄就呼吁未来的公民教育模式应以参与实践性教育为主导，让年轻人实际体会公民所应具备的情操，并有足够机会在直接影响他们的事情上有参与决策的机会。在实践中，许多国家都越来越强调参与型或经验型公民教育，即强调通过学生在学校生活与社区中的参与，强调将知识的学习与鼓励调查、讨论和参与有机结合起来，以培养学生的参与意识和能力。香港特区政府就倡导培育积极参与的公民精神，以渐进的方式推进参与式公民教育，而“主动参与、积极实践、关心社会”的公民精神已成为公民教育政策的灵魂。大学生服务学习、国情考察、学生会自治活动与实地调研等都可以成为参与式公民学习的活动方式。还有更多学者一致认为社会需要积极开展并实践公民的主动参与式民主，否则不能满足国际化和全球化的发展和竞争。

作为佐证参与式学习效果的实例就是艾勒与贾尔斯①通过严谨的实证方法证明了作为参与式学习的主要方式（服务学习、社区探究、传媒教育、生命教育与宗教教育）之一的服务学习对于公民教育具有五方面的积极意义。他们的研究选取了三个样本：1993年测试及1995年测试实证调查来自20所大学的1 535人，1995年针对反思练习访谈的67人，1996年学员学习服务学习课程前后针对问题解决能力访谈的66人。研究结果显示，服务学习对学生发展的意义主要体现在五个方面：

（1）价值方面——我应该做。参与服务的学生表现出更多的对社会的关怀与责任，更看重社会正义，也愿意致力于政策制度的改变，以追求社会正义。

（2）知识方面——我知道我该做什么及为什么做。参与服务的学生更加了解社会问题，懂得如何去应用课堂所学来解决社会问题，并表现出更多的理性分析及批判思考能力。

（3）能力方面——我知道如何去做。参与服务的学生展现出更多解决社会问题的策略，增进了领导及沟通的能力。

---

① 王世伟，黄崴．参与式公民学习——香港公民教育政策的新动向［J］．清华大学教育研究，2010（04）：87－92．

（4）效能方面——我可以做，而且知道我的努力会带来不同。参与服务的学生认同自己所进行的服务工作的效能，认为自己的努力可以带来改变；同时，学生也对小区产生效能上的认同，即认为小区有能力去解决他们自己的问题。

（5）承诺方面——我必须且会做。参与完一个周期的服务学习后，75 %的学生认为他们在下学期将会继续参与社会服务。

由于长期受灌输式教育方式的影响，加上公民社会组织的不完善和不发达，受教育者的主体参与和主体实践在公民教育过程中往往被忽略，造成高职学生的公民知识与公民实践、公民个体与公民社会的分离。

公民知识与公民实践的分离。在高职教育过程中，高职院校通过思政课和德育课、形势与政策等课程向学生传授一些公民知识，并通过专业课程的学习，要求他们掌握职业伦理、职业道德规范，这是高职公民教育的一个重要使命。但是，学生掌握了公民知识，并不代表他们就掌握了公民实践能力与技巧，也并不代表他们就能将自己所掌握的公民知识付诸实践。事实是，离开了公民实践，公民知识在很大程度上只具有符号意义，还不能化为具体的公民能力。当前以知识为中心的公民教育模式仍然是主要教育方式，思政知识的获得成为高职学生最重要的学习目标。在这个过程中，公民教育的过程成为了一个理论与实践、知识与行动相分离的过程。三年高职学习，学生在思政教育中仅仅学到了一些抽象的、概念化的公民知识，而并不具备公民实践、公民参与能力，他们对于实践是比较生疏的，无法在实践中有效地履行自身的公民权利与责任。

公民个体与公民社会的分离。高职的公民教育因其以理论传授为主的特点而被限制在学校区域之内，远离社会公共生活。课程教学和班级授课是主要形式，学校与班级是公民教育的主要场所。但是，从公民教育的目标来看，把公民教育局限于学校生活、班级生活之内，显然太过狭隘。学生作为公民，其公民身份不能局限于学校、课堂这个特殊的、狭小的空间，因为学生不仅要学习如何在学校生活、课堂生活中遵守公民的基本伦理道德要求，更为重要的是，他们还要学习遵守公民社会、公民生活中的基本伦理道德要求，学会承担社会责任，学会保卫自身的公民基本权利。因此，把公民教育局限于课堂生活或学校生活之中，最终只能造成公民个体与公民社会的分离，参与式公民目标将难以实现。

高职学生基本上都经历过高中教育，在基本公民知识、公民德行上等有一定的积累，在高职院校短暂的三年里，公民教育应该进一步得到深化，关键是公民能力教育。高职学生的公民能力如何，远不只表现为他对公民或民主能知

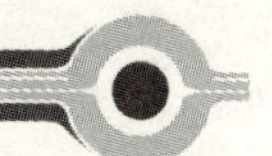

道些什么、能说些什么，而更在于他在日常生活工作中的待人处事。高等职业教育的育人功能、经济属性和社会属性决定了高职学生多数时间都处在应对问题、处理事务、与社会打交道的准职业化状态，对于一个合格的高职学生而言，公民参与能力与职业行动能力同样重要，这是高职院校公民教育需要大力强化的环节。

基于以上对参与能力的认识与理解，高等职业教育有必要构建一套适合高职学生学情的参与式实践教育体系，这个体系应至少包含以下三个基本层面：

1．高职院校公共管理生活的参与式建构

高职公民教育的参与式实践体系的建构离不开高职学生对于学校公共管理生活的实践参与。学生作为高职院校公共生活中的一个成员，“有权利也有责任参与学院的公共管理生活，以实现学校公共管理秩序的民主和平等，同时在参与学院民主管理生活的过程之中”，高职学生的“公民品质和公民实践能力也将得到有效的提升”。[①] 高职院校公共管理生活中的参与式建构，大致上包含以下两个基本方面：

民主管理和民主决策内容。在治理的语境内，高校要去行政化，完善治理结构，其中，民主管理和民主决策是重要内容。“在涉及学生权益的公共管理事务时，应邀请学生参与，听取学生的意见，实行民主的协商与讨论。在公共管理的过程中，学院有责任召开学生代表大会、听证会或者公共事务的辩论会等，对学院生活中的公共问题展开讨论，以实现民主管理和民主决策，让民主成为学校公共生活的灵魂”，以此来培养高职学生的民主精神。通过参与，高职学生的民主意识和公民意识也将得到更快的生成和发展，公共精神也将扎根于他们的内心世界，而高职生“对于自身的公民身份的认识和体验也将更为深刻”。“让学生参与到学校的公共管理生活当中，还可以培育他们的公民参与能力，使他们成为勇于行动、敢于行动、有能力行动的负责任的公民。”[②]

社团组织建设。高职院校“公共管理生活的参与式建构，还应鼓励社团组织建设，以培育高职学生的公民自治、公民组织和公民行动能力”。“社团组织是学生基于共同的兴趣或共同的目标而组成的，以民主决策、共同管理为基本特征的一种公共组织。”在当前的高职院校内，社团组织和社团生活并不充分，社团组织活动模式延续了行政管理的模式，社团组织的意义与公民教育的目的相去甚远。为此，高职院校应该致力于纠正不重视公民教育的观念，对

---

①② 叶飞．公民教育：从“疏离”走向“参与”．全球教育杂志，2011（08）：65－69．

学院内的社团组织建设和社团生活予以重视和引导，在社团的运行中有意识地融入公民自治、独立、决策、行动等元素，“以此来培育学生的更为完善的公民品质”。[①] 泰州职业技术学院比较重视学生社团的建设，近期着力培育精品社团，尝试将精品社团作为一个载体兼容参与式公民教育实践。

2. 社区公共生活的参与式建构

高等职业教育的地缘性特征，以及社区的公共服务功能，决定了社区亦是高职公民教育的重要场所。高职院校应“鼓励学生参与到社区生活、社区服务当中，促进社区公共事业的发展，通过让学生参与社区服务实践，潜移默化地培养学生的公共品质和公民行动能力”。[②]比如，某市决定在某个社区中修一条公共交通道路，社区人员对此颇有微词，最初社区的住房在出售时没有提到有修路规划，是否违反最初的购房协议和市政规划？如果同意修路，那么就有公交车通过，社区安宁如何保障？占用绿地是否对社区居民进行补偿？是否要开听证会，征求社区居民意见？公路占用公共资源，原先的停车位减少，给居民带来停车不便，是否有一揽子解决方案？在这种以社区生活为基点的公民学习之中，学生将更充分地理解自身的公民权利和公民责任，并在思考和解决社区公共问题的过程中成长为真正的公民。

3. 社会公共生活的参与式建构

在公民社会中，公民身份本身就意味着公民与社会之间的深层联系，比社区生活更为广阔的社会公共生活是公民教育实践体系的应然组成部分。高职院校应当积极引导学生认识自身的公民角色，不仅是学院或社区中的成员，更是社会、国家的成员，公民有权利要求享受社会所赋予的权利，同时也必须为社会的发展承担相应的责任。通过公共社会活动，使学生更深刻地认识到自身的公民责任与义务，更好地锻炼他们的公民品质和公民精神。例如面对社会热点问题、突发事件、灾难性事件等，高职学生是否关注？是否采取相应的行动？如当遇到重大的与中国有关的国际问题时，是积极表达意愿上街游行，还是在网上积极传播评论不顾后果？是理性对待不盲从，还是事不关己高高挂起？还有前两年媒体上不断发酵的郭美美事件，高职学生对红十字会的认知如何？是否还会积极参与红十字会的慈善活动？这些关乎国家、社会、民生的公共问题，都可以作为对高职学生进行公民教育的抓手。

---

①② 叶飞. 公民教育：从“疏离”走向“参与”. 全球教育杂志，2011（08）：65－69.

第四节　高职公民能力培养的教学策略

本节探讨的教学策略可以作为高职思政课、德育课的理论教学策略。虽然是理论知识的教学策略，但依然在尊重高职学生学习特点的前提下，强调通过实践活动培养学生的公民素养。

在《新华字典》中，策略一词指计谋、策略。而在较为普遍性的意义上，策略涉及的是为达到某一目的而采用的手段和方法。在通常意义上，人们将教学策略理解为：教学策略是指在不同的教学条件下，为达到不同的教学结果所采用的手段和谋略，它具体体现在教与学的交互活动中。

高职公民教育是个复杂的系统，我们应根据不同的内容需要，针对高职学生群体特征，综合运用各种教学策略，并且不断寻求最佳的教学途径，以达成教育目标。

在全球化的背景下，公民资格已经演绎成为一个多维度的概念，公民资格逐步从民族国家拓展到全球社会，从单一的宪政意义上的法律概念演变成为一个以法律、政治为核心的多维度概念；公民权责作为公民资格的核心逐步从单一强调公民责任发展成为强调公民权责的平衡。在这种背景下，高职公民教育应采取多种策略。

近年来，为了提升公民主体意识和实践能力，强调社会科学的学习，探究精神、决策能力、批判性思考能力的养成与提高越来越重要，相应的“见多识广的公民”“探究型公民”“反思型公民”和“批判型公民”成为公民教育的目标。同时，它们也对公民教育的教学策略提出了转变要求。这些新近出现的公民教育教学策略不仅完善了公民教育的本质要求，而且为高职公民教育的实施提供了一些新的途径和启示。

在公民生活、政治行为、社会经济、文化等范畴中有许多关于高职公民教育的知识性内容，这些知识可以帮助学生从政治、经济、文化以及历史等角度分析现象，理解人类所处的当代社会背景，为他们思考问题、做出理性判断奠定基础，因此，宜采取以培养见多识广的公民为目的，帮助学生掌握相关概念、通则、原理以及思维方式的教学策略。高职院校在人文素养选修课方面可以采取体系化设计人文素质选修课，帮助学生掌握政治、经济、文化以及历史等感兴趣的知识，这些知识可以在新生刚刚入学进行入学教育阶段通过问卷调查、访谈等多种方式了解，根据调查的数据整理、归纳、聚焦知识点，然后根据公民教育的需要体系化设计人文素质课，面向全院或社会征集上课教师。教师要综合考虑教学任务、教学目标、教学内容、学生特点、教师特点、教学环境和条件等诸多因素，对多种教学方法进行有效组合并形成恰当的教学策略。

针对一些高职学生不求甚解的学习弱点，在理解现行政治制度、政治行为、多元文化和历史现象的基础上有针对性地培养高职学生的科学探究、归纳思考以及综合推理等高阶段思维能力，探究学习是最为适宜的教学策略。美国芝加哥大学施瓦布（Schwab，J.）教授于1961首先明确了探究学习的含义，其实质就是让学生运用与科学家类似的方法来获取知识，即先确定问题，然后用特定的方法来分析和解决问题。自此以后，探究学习的理念被广泛运用。鉴于公民教育的能力目标，笔者认为高职公民教育适合采纳“社会探究”的教学策略。

社会探究是指在职业学习领域或职业工作、生活情境中，通过发现问题、形成假设、验证假设来帮助学生获得公民的知识、技能和态度的教学策略。它注重培养学生的探究和创造精神，训练学生的推理、假设和判断能力。这种教学策略一般包括五个步骤：设计活动项目，确定探究的主题；搜集整理信息，将相互联系的信息进行聚焦归类和命名；提出假设；验证探究假设；适当地迁移经过验证的假设到其他问题情境中。高职公民教育的社会探究策略具有以下特点：关注过程性目标，培养学生在探究过程中的思考能力；以职业情境或生活情境的真实性为原则，激发学生的探究动机；重视归纳思维法的运用，要求学生在收集、整理信息的基础上分析信息以形成结论，并建构新的结论；注重以小组合作的形式营造积极的探究学习氛围，要求学生本着合作、开放、包容、理解等态度多角度、多层面地思考问题；探究过程是在民主平等的组织环境中师生共同探究、共同成长的教学历程。

针对高职学生相对易盲从且有时缺乏理性的行为特点，我们应鼓励高职学生借助各种议题的讨论，训练对争议性问题进行价值判断与做出决定的能力，培养“反思型公民”。高职学生一旦拥有了做决定的能力，就能运用知识潜能，寻求合理方案，解决职业工作和民主生活中遇到的职业伦理和价值问题。这样，他们才能在复杂的职业情境和生活情境中处理实际的社会问题，进而成为一个开放、热诚、有责任感的公民。恩格尔曾经总结了决策对公民的重要意义，认为民主的发展与公民决策能力之间存在着必然的联系，因此，在民主制度中，一个最基本的要求就是公民能够辨清问题，收集、评估和分析资料，通过理性判断，得出关于公共事务和社会事务的结论。然而，高职学生进行决策需要的不仅仅是知识，更重要的是要在衡量所有相关信息和价值的基础上做出

恰当判断，应强调决策能力的培养，因此，宜采取“议题中心研究”的教学策略。

议题中心研究是指以争议性社会议题作为教学的起点，引导学生学习掌握与社会议题有关的知识和理论，帮助他们辨别或澄清有关议题所涉及的各种价值取向，帮助学生认识和掌握决策所需要的各种规则，如会议主持人规则、辩论规则及表决规则等。议题中心研究的教学策略具有以下特点：选择的议题应既贴近高职学生生活又凸显问题的争议性，培养学生解决冲突的能力；呈现的议题应注重将原有经验和新的知识建立链接，引导学生在经历冲突的情境中聚焦争议点；以小组讨论的方法，强调异质组合，培养学生的合作技巧，排除交流障碍的技能，更为重要的是要保证学生的平等参与；引导学生在议题产生认知失衡时，主动建构起对问题新的理解和观点；强调教师是讨论或辩论的主持人，应该保持中立，为持不同观点的参与者提供保护，对学生是否获得相应的公民能力进行评估。

议题中心研究的教学策略能否达成公民教育的目标，关键在于如何选择、设计以及讨论议题。在议题的选择上，更加强调议题的社会关注度，人类共同面对的环境问题、科技伦理、族群冲突等问题，职业教育的价值、就业创业前景、高职生的社会价值、校园中的民主权利的保障等诸多问题域都适合成为选择议题的焦点；在议题的设计上，强调议题与其他社会问题的关联度，议题产生的社会背景和历史渊源，通过议题统整公民知识和技能，促使学生理解和澄清问题；在讨论议题过程中，注意保障学生与教师的平等话语权，多角度分析问题，预测决策后的多种可能后果。

高职学生中的很多人由于反感应试教育体制，逆反情绪比较严重，不求学习进步，渐渐地成为学习成绩不好、具有反叛精神的所谓的“差生”。这些学生具有反叛精神，主要是由于缺乏批判性思维能力，遇到令他纠结的问题时表现为简单的非此即彼的二元思维模式，又不会以理性质疑的态度分析问题和解决问题。目前关于培养高职学生具有批判性思维能力的研究还极为缺乏，这与我国大学生批判性思维整体发展水平不高的现状，以及批判性思维在高职学生素质体系中尚没有一席之地有密切关系。

高职院校要培养“批判型公民”，就需要传授给学生进行批判思维所必须具备的推理、演绎、归纳等逻辑方法，科学选择价值取向的方法，采取合理行动的技能以及相关的各种专业背景知识，重点是培养学生对各种意见、信念和方案的批判性分析与讨论的素养。因此，宜采取“批判性思维”的教学策略。

对批判性思维的探讨最初是在哲学领域内，可以追溯到两千多年前苏格拉底的“助产术”——一种以诘问式对话为主要形式的探究性质疑，关注的是批判性思维作为一种方法对人类心智发展的意义和作用。到了20世纪80年代，学者关注批判性思维在心理学层面的研究，更多地探讨如何将批判性思维习得成一种高水平思维技能，具有工具理性的倾向。20世纪90年代，对批判性思维的研究方向转向为公民素质领域，即公民应具有批判性思维技能，强调批判性思维不仅是一组技术，更是公民找出自己与别人的思考、论证是否有错误的一门技巧，目的在于建构更有说服力的论证以及提升自身的思维能力，其主要批判对象是想法、信念与论证而不是人，它不是简单的否定式思维。批判性思维对于参与和保护一种民主的生活方式，以及在职业、个人和公民生活中作出明智的决定，都至关重要，应成为我们教育体系的一个重要目标，从整个人生的视角来看，批判性思维教学的价值不可估量。

批判思维教学策略是指以问题为导向，在教师指导下，借助一套程式，鼓励学生收集辨别各种数据，评估缺陷和局限，进行充分的推理，挖掘问题的隐含假设，构造新的解释或替代方案，寻找最佳选择，作出全面和平衡的决策的教学策略。批判性思维教学可以培养学生理性的怀疑和反思的态度，其核心精神是求真、公正、开放、反思，批判性思维的根本特征是“大胆质疑，谨慎断言，合理怀疑，合理置信”。批判思维教学策略的目的是教育学生理解批判反思本质上是建设性的，是评估而不是摧毁某种信念。

它主要由导入活动、主题呈现、分组活动、发表澄清和批判反思五个步骤构成。在导入活动阶段，教师要设计一个问题情境，对情境剖析，列举各种问题。在主题呈现阶段，要善于聚焦问题，并要鼓励学生质疑先前观点。在分组活动时，要注意组员的知识结构、能力差异等，进行合理搭配，指导学生制定组内成员发言规则，提炼小组观点并能从不同角度说明观点；小组数量以至少三个为宜，以避免简单的二元思维模式影响学生对问题的理解。在发表澄清阶段，要让学生理解可靠的结论需要充分的证据支持；在批判反思阶段，是不同观点碰撞的时刻，需要教师指导学生学会理性的表达、沟通和思考，以及表达质疑、辨析、说服、讨论、审议、评价等，最后完善论证，达成理解。

批判思维教学策略具有以下特点：问题情境的设计应本着能够理解和处理好个人与社会的关系为原则，选择与高职学生日常生活密切关联的问题作为主题；学习环境的设计应本着平和、平等对话的原则，营造一个对事不对人的温馨的学习环境，鼓励学生大胆发表自己的意见并合理质疑他人的想法；教学方法的运用本着多向、多方平等对话原则，提倡对话教学，在师生之间、同学之间进行反省式交流和沟通，让思考更富于批判性与成效性；对话程序应本着规则共定、规则共守的原则，指导学生制定议事规则，执行议事规则；对问题的探究注重内容的深度而不是广度，通过对主题的深度发掘，引导学生综合、平衡地理解、分析和评判问题。

第五节　行动导向的高职公民教育实施策略

高职公民教育应如何实施？是拥有充分的自主权还是宏观调控的自主权？本节探讨行动导向的高职公民教育的实施策略。

一、高职院校应在党和政府的领导与指导下实施公民教育

美国的经验告诉我们，公民教育在政府的间接干预与指导下运行，它的组织管理才能表现为服务性的，教育者才能是专家化的队伍。为了将大学生培养成积极参与的公民，美国一些州在法律上规定大学生必修《美国宪法》《美国历史》等课程。反观我国高等职业教育，虽然思想道德修养与法律基础中有宪法内容，但是太少，还不足以令学生宏观了解我国的宪政体制。实际实施情况也不尽如人意，空洞说教仍然是课堂主要形式。虽然有国家统编教材，但在实施过程中缺乏政府的间接干预和调控，更不用说将其提高到法律的高度。高职院校不开设中国通史课程，在高职学生中仍有相当数量的学生还没有搞懂我国历史的主要阶段，且中国元素的优良文化素养相当缺乏。因此，政府要加强在公民教育过程中的指导与调控，监管公民教育的过程和效果，避免走过场、空洞乏味的现象。条件成熟时，通过立法来确立公民教育的相关事项，使高职公民教育的理论和行动课程有规范可依赖。

二、高职院校应采取必要措施提高教师的公民素质

高职公民教育质量如何，是否能够满足社会发展需要，关键在于是否有一支公民能力强、具有公民教育经验的师资队伍。目前，高职公民教育教师与专业教育教师的专业素养严重失衡，前者的师资队伍自身的公民能力比较弱，更谈不上专家化的队伍，更加缺乏对公民教育教学规律的研究和探索；后者师资队伍的专业能力较强，已经有一批课程专家成长起来，并且对专业教学的研究呈如火如荼之势。

高职应重视从事公民教育教师的队伍建设。公民教育教师应以成熟的公民

素养，睿智理性的公民智慧以及专业的公民能力为示范、引导和教育高职学生，这是公民教育教师区别于职业教育中的专业教师、师傅的主要方面，但是这样的教师在我们的高职院校中实在是太少。世界上一些国家对从事有关公民教育的人员都要进行严格的挑选，实行培训上岗和资格认定制度，对公民教育工作者进行系统培训，逐步实现教育者的专家化和学者化，保证公民教育者的素质，进而提高公民教育的实效性。因此，我国应在现有的基础上加强专业化公民教育人才的培养，对高职从事公民教育的教师进行专门培训，尤其是教师公民行动能力的培训，可以考虑以现有的思政课教师队伍为主体进行专门培训；建立激励机制，鼓励其他教师积极探索公民知识技能在专业学习中的渗透形式，逐步建立起一支符合当今职业教育实际、能满足社会发展要求的公民能力强、公民素养高的公民教育工作者队伍。

三、高职院校应积极研究与建设公民教育课程

公民教育课程不同于高职专业课程，既有其自身的特点，又有其先天的不足：前者是立足于具有一国国籍身份的公民教育，后者立足于个人的就业创业教育；前者的学习程度高于高中低于本科，具体如何把握完全根据统编教材；后者的学习内容的确定是以专业教学标准为依据，其难易度的把握由教师根据学生的实际情况确定；前者至今为止尚未有专门的公民教育课程，并且没有太多的自主开发空间，后者已经有体系化的专业课程，并且有很大的自主开发空间。因此应加大高职公民教育课程的研究力度。基于以上比较，鉴于国家意义的高职公民教育课程尚未开发的实际，作为高职公民教育课程开发的权宜之计，可以考虑从以下两方面着手：

（1）在现行的课程教育中渗透公民教育思想和内容。在高职思政课程理论教学中，应在保证主体内容不变的前提下，从教学角度整合相应内容于公民教育框架之内。在高职思政课实践教学体系中，与理论课保持一致，一体化设计相应的实践项目，教师可以有意识地引导学生认识自身的公民角色，引导学生更好地参与校园生活、社会公共生活，教育他们认清扮演好现代公民角色的重要意义。在专业课程的学习中，教师应注意将公民关键能力的训练设计到日常的学习项目中，通过专业认同教育，培养职业自豪感，进而培养社会责任感。

（2）体系化设计高职人文素质选修课。关于人文素质选修课的产生方式在本章第四节教学策略中有介绍，本节不再重复。这里在内容方面重点强调传统文化经过现代化的改造后是有可能成为最具特色的公民教育中国化课程。如

挖掘儒家文化中与当今公民教育思想可以兼容的内容，经过现代化的改造，在公民教育中将发挥文化继承与认同的作用。具体可以从以下几方面考虑：在公共利益方面，关于儒家“重义轻利”“义以为上”的精神内涵，我们应主要看重其反映的儒家重道德原则规范，摒弃其缺少民主权利的价值取向；“因天下之利而利之”的思想，在一定意义上可以改造为现代公民教育中所倡导的公共精神。在弘扬道德方面，“济世安民”“自强不息”的进取观，与树立崇高的人生理想、确立积极的人生价值观契合；“安贫乐道”“养浩然正气”的气节观，与培养现代公民高尚的道德情操契合；“心忧天下”“以天下为己任”的大局观，与培养公民高度的社会责任感和爱国热情契合；“仁爱忠恕”“以和为贵”的人际交往观，与现代社会的诚信精神契合。在重视秩序和谐方面，“礼”作为君子人格的外在行为规范，与当代法治教育中对社会正义与秩序的追求亦有相同之处。总之，中国传统文化中一些经典主张对培养现代公民仍具有现实意义，我们应尝试对其进行现代化改造，将传统文化的经典部分与现代公民文化融合，发挥我国优良传统文化对国人品格的滋养作用。

四、高职院校应实施行动导向的公民教育教学模式

在有些国家，公民教育常常通过具体的社会实践活动实施，追求在具体的多样性的社会实践活动中塑造公民品格。这一经验，与高职校企合作、工学结合人才培养模式有异曲同工之效。与普通高等院校相比，高职院校学生与社会接触的机会更多，广泛地参与社会活动拓展了高职院校的公民教育空间。校外实习企业、社会实践场所等都是对高职学生进行公民教育的现实场所；在校外实习场所接触的优秀员工具有优秀公民的特征，是学生学习的榜样，他们将在实习实训中对学生进行职业技能与职业伦理的引导与教化。高职院校还可以通过与其他社会组织的合作，使学生有组织地参与到社会实践中，如经常组织学生参观访问合作基地、地方文化场馆，组织进行社会热点问题调研，开展科技服务进社区、艺术社团下乡等活动，了解社会、民情民风，增进情感、文化交流，增强民族认同感。还可以通过组织志愿者社团，参加一些公益性义务劳动，定期帮助照顾社区孤寡老人、特殊学校学生，让高职学生走出校园，走进社会，了解国情。这些社会实践活动能够促进高职学生形成良好的公民意识、社会责任感、合作精神，增加社会阅历和社会主义核心价值观体验，让高职学生体会到公民教育的现实意义。

另外，高职院校应加强对高职公民教育教学规律的研究和探索，重点加强基于行动导向的公民教学评估研究，发挥评价的导向作用，根据评价结果及时

调整公民教育行动策略，增强公民教育的实效性。

五、高职院校应努力创建学生参与校政的民主氛围

高校是浓缩的社会，它具备了社会的基本细胞，高职校园是高职学生生活和学习的主要场所，他们将以浓缩社会的主人翁身份成为校园中最靓丽的主角，校园中的各种制度或多或少都与他们有关。由于自身的学术性不高，管理模式行政化，使高职院校的管理具有“小政府”的色彩，因此在高职院校中积极创建民主氛围，让学生参与校政以及校园的民主环境建设，就显得尤为重要。

例如，鼓励学生积极参与校政，在校务委员会中确定固定名额的学生会代表参与学校管理会议和执行会议决议，让学生在学校建设中学习和积累经验，在讨论和辩论的基础上找到合适的方案，以提高学生的参与能力。

为了培养高职学生的公民行动能力，可以借助浓缩社会的最小细胞——社团形式，鼓励学生创办自己的社团组织。高职院校学生社团是大学生的自我管理组织，组建社团的目的是为了让学生更好地参与到学校管理过程中。在社团中，学生可以积累选举、竞选、参与正式会议、汇报讨论事务等民主经验。虽然校园生活与实质性的社会生活场景有较大差距，但这些活动在培养高职学生的公民参与能力和行为能力方面有着课内教育无法比拟的优势，通过参与学校事务和社团活动，学生可从中学会简单的参与规则和参与技巧，提高自身的参与能力，为更好地履行参与校政职责，最终为以后步入社会参与政治活动、管理社会公共事务打下良好基础。

健康、有序的校园文化是提升高职学生公民素质教育的有效载体。良好的大学校园环境有潜在的育人功能，它对高职学生公民素质的形成有着潜移默化的影响。高职院校要充分利用自身的条件，加强校园文化建设，优化校园环境，为学生提供良好的校园活动平台，将学生的校园文化生活逐渐变为“公民生活”。

学校还应重视发挥校园媒体对提升高职学生公民素质的作用。广播站、校报、校园网等各种传播媒体也是公民素质教育的重要阵地，通过传播正能量形成正确的舆论导向，抵制负面信息的不良影响，提升学生对国家重大事件和社会现实的关注度和辨别力，引导学生做出客观理性的行为选择。

恰当运用新媒体力量营造新环境。电视、报刊、广播等传统媒体越来越受到后发展起来的网络媒体、手机媒体、数字电视等新媒体冲击。新媒体以其具有的交互性与即时性、海量性与共享性、多媒体与超文本、个性化与社群化等

特点受到大众的青睐，渗透到社会生活的各个领域，并时时处处影响着人们的道德观念和价值判断，是公民教育的重要渠道。新媒体的这些特点在高校中表现得更为集中和多样，为高职院校进行公民教育提供了新的环境条件。

六、高职院校应坚持管理育人，拓宽公民教育渠道

高职学生公民素质普遍不高，对学生工作提出了挑战。传统的管理以服从为首要，以强加为主要方式。管理者通常都会认为自己所做的一切都是为了学生，无可厚非，所以在日常管理中侵犯学生权益的事情时有发生，例如，某高职院校，为了保证学生的电脑不丢失，保卫部门经常检查宿舍，发现有电脑摆放在桌面上而室内又无人，保卫人员就很负责任地将电脑收走并留下字条。不发生失窃事件的目的达到了，却以侵犯学生权益为代价。管理育人要求管理人员在日常管理的各个环节都要在不侵犯任何人的权益的前提下实现教育的效果。代收电脑、代收自行车等行为都是以牺牲一个更大的利益为代价，因此，高职院校应改进管理方式，树立平等意识、权利意识，以治理的理念改进学生工作，在日常管理活动中充分发扬民主，调动学生的主体意识和责任意识，引导学生自主管理、自我约束、自我监督。

七、高职院校应充分利用社会资源发挥环境育人的作用

世界上很多国家不惜耗巨资建设规模宏大、集中体现本国历史发展的物质文明和精神文明、本国政治制度和价值观念的情境场所，如博物院、艺术馆、图书馆等，这些场馆是进行公民教育的重要基地和生动教材，人们置身其中，耳濡目染、潜移默化地受到教育。公民教育的对象生活在现实生活之中，他们无时无刻不受周围环境的影响。因此，公民教育不仅是学校的责任，更是政府和社会的责任。政府应积极营造有利于公民教育的社会环境，发挥环境育人作用，保持公民教育的稳定性和持久性，使受教育者在良好的环境里接受文化上的熏陶和精神上的洗礼。

2015 年 5 月 10 日，首届“职业教育活动周”在北京举行全国启动仪式，并确定把每年一次职业教育活动周作为制度固定下来。“职业教育活动周”的设立目的是要在全社会弘扬劳动光荣、技能宝贵、创造伟大的时代风尚，形成“崇尚一技之长、不唯学历凭能力”的良好氛围，也为高职公民教育搭建了一个与社会、企业互动的平台，更是展示高职学生良好公民素养的大好机遇。

八、高职院校应重视家庭在公民教育中的主体作用

相对于当前高职院校公民教育以学校教育为主（以思想政治教育课堂为主渠道），同时融合一些社会实践活动的特点，今后在教育主体上，可以更多地考虑加入家庭这一因素，以便形成学校、企业、社会、家庭等多方联动的格局。中国是一个重视血缘关系的国度，抛开“家”这一基本要素谈公民、谈国民，就如同抛开“家”谈国家一样，缺少文化的支撑。现在许多高职院校开家长会、办家长论坛、与家长微信互动，就是为了把学校教育的氛围与家庭的氛围协调起来，让我们的学生切实体会在“教育共同体”内的关系，并由此及彼、由近及远地理解寝室、班级、学校，理解邻里、社区、地区乃至民族、国家之间的公共责任。

第九章　外国主要国家历史上的公民教育及启示

公民教育是社会进步的推进力量，是世界各国共同关注的课题。影响各国公民教育的背景性因素很多，主要涉及历史、政治、地理、经济等系列因素，它们构成了公民教育形成与发展的宏观背景。而几乎所有国家的公民教育均与历史课联系在一起，充分体现了公民教育的历史性。历史传统因素给各国的公民教育所带来的差异在英、德、俄罗斯、美国、新加坡几个主要国家中表现是十分明显，如新加坡以儒家文化传统融合现代公民素养进行的公民教育，西方国家以自由、民主文化为主线进行的公民教育。

一个国家或地区的历史，特别是有关公民权利以及如何在权利与义务之间达成平衡的历史，对这个国家或地区对公民教育含义的理解及所采用的途径具有重要的影响，它决定了这个国家或地区对公民教育基本价值的界定，影响着公民教育的价值取向。有人把历史比喻为一面镜子，能折射出许多当代问题在历史中的影子。从历史这面镜子中，我们亦能发现公民教育的广泛性和复杂性，各个国家的不同背景因素对公民教育的价值取向和实施途径及方式的影响，确切地说，就是公民教育的含义只有被放在各个国家特有的社会背景下才能得到真正的理解。我们在学习、借鉴他国公民教育经验时需要持谨慎态度。

本章以纵向历史观梳理外国几个主要国家历史中公民教育发展脉络，并总结提炼了一些启示，供参考。

第一节　英国历史上的公民教育

公民教育具有历史性，与一定的社会政治制度密切相关，没有抽象的不依据具体历史发展的公民教育。英国是具有悠久历史传统的国家，但是历史发展轨迹独具特色，尤其是资产阶级革命确立君主立宪政体，标志着世界历史进入了一个新时代。杜君立认为历史有三种：历史是故事、是考据、是解读。其中，解读历史是对历史的分析与剖析，完全来自于一个人举一反三、触类旁通的思想逻辑能力。[①] 本节尝试从历史的细节着手，寻踪英国历史中的公民教育，希望对我们开展公民教育有所启迪。

一、英国自信独立公民精神的历史土壤

任何事物的产生都有其特定的历史背景，英国自信独立的公民精神就是在特定的历史土壤上生长起来的一朵自由之花。公元 1 000 年前的西方具有多元性特点，多元社会的主要组成部分如下：教会，独立于王权；封建君主和封建主，取代了帝国朝廷；自给自足的采邑，取代了罗马时期奴隶种植园；新兴商人阶层，产生于城市，对贵族、高级教士甚至君主有所冲击。西欧独特的地理位置使其免遭蛮族入侵的蹂躏，适应社会发展需要的采邑制度避免了奴隶制度的弊端。采邑制度下的农奴具有一定的权利和义务，加上当时盛行的基督教人道主义伦理，这些都促进了技术的发展。丰富的矿产资源在发达技术的作用下得到有效开发和利用，西欧的农业、矿业、渔业和林业等获得了稳定的发展，也都相应地促进了商业和城市的发展，城市作为地区贸易和地方行政中心开始慢慢形成。这些城市形成于政治上分裂的欧洲而不是坚如磐石的帝国结构中，因此它们拥有日益增长的自治权和政治力量，自治市的自由民从一开始就表现出自信和独立，而这种精神正是欧亚大陆其他任何地区都没有的。

二、自由人权公民精神推动英国确立君主立宪政体

18 世纪 60 年代以前的英国，以自由、人权为内容的公民精神推动了英国历史由封建专制政体走向君主立宪政体。英国公民精神的起源与骑士贵族（有说骑士是贵族的最底层，鉴于骑士秉承现代意义上的公民精神更为彻底，在这里不做概念的区分，统称为骑士贵族）阶层息息相关。1099 年，是需要特别标注的一年，因为 1096—1291 年发生了影响世界历史进程的十字军东征。十字军于 1099 年在耶路撒冷组建了市政委员会，并起草了《耶路撒冷审判书》，规定在耶路撒冷各国国王都要服从耶路撒冷市政委员会的决议。由于许

---

① 杜君立. 历史的细节［M］. 上海：三联书店，2013：6.

多英国骑士贵族参加了十字军东征，并参与组织了耶路撒冷市政委员会，他们回国后，把限制国王权力的精神带回了英国，这是英国骑士贵族据以反对王权的最早的法律依据。1215 年，英王约翰被迫签署著名的《大宪章》，25 名骑士组成议会对国王进行监督，如果国王违反宪章，骑士们有权以暴力手段强迫国王履约，这为半个世纪后平民代表进入议会、近代公民意识和公民法权观念的产生奠定了基础。西方历史将《大宪章》的签订视为现代民主的萌芽。因为其包含的自由主义精髓，几百年后在英国人手里又变成了摧毁封建制度的武器。1258 年，骑士贵族再次以武力逼迫国王签署《牛津条约》，同时组建一个 12 人组成的作为英国最高权力机构的委员会，有权否决国王的决定和任命高级官员。1265 年，英国历史上第一次召开国会，贵族、教士、骑士和市民均有权利进入国会。经过妥协与斗争，使得中世纪时期的英王多次重新发布《大宪章》，特别是 1297 年的《大宪章》，至今仍是英国法律的一部分。《大宪章》的延续，成功确立了一项国王必须遵从的原则：君主的权利受到法律的限制。历时近三个世纪，英国人的限制王权，以自由、人权为内容的公民精神，经过反复斗争、较量、撕毁、再订、破坏和重建，借助君主立宪的这种权利格局在最具专制传统的英国建立起来。

英国历史上另一个需要特别标注的年代是 1640 年，一种完全意义上的反封建革命——资产阶级革命爆发了，资产阶级和资产阶级化的贵族是领导者，城市平民和广大农民是革命的主力军，资本主义制度得以确立。绅士阶层取代了骑士阶层，在革命中继承了骑士阶层的勇敢与荣誉、诚实与公正、正义与慷慨、自由与独立以及忠实于契约的精神品质，并把这些精神品质发展为现代意义的公民精神。至此，自由、平等、独立的人格成为公民必备的人格素质。正是这种精神的培育，最终促成了英国君主立宪政体的形成。我国历史教科书通常都认为“英国资产阶级通过革命推翻了封建君主专制，确立了自己的领导地位，为发展资本主义扫清了道路，推动了历史的进程，是世界近代史的开端”。如果我们从那些发动革命以及参与革命的先驱们对英国历史的推动作用入手分析，就能发现他们发挥了历史性的作用，因为资产阶级革命确定并贯彻了自由主义的原则，而这种自由主义的原则后来成为现代民主国家一致认可的公民自由的基础。可以说，这一时期的英国是通过暴力与反暴力、王权与自由的博弈，培育了现代意义上的公民精神。

三、公民教育的双轨制适应了英国现代化的需要

18 世纪末，英国进入工业革命时期。然而，经济飞速增长的同时却伴随

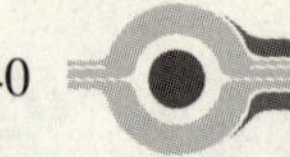

着政治上的极端保守。相应地，在公民教育方面也在很长时期内一直延续工业革命前的两轨制——精英主义的公民教育和面向大众的顺民教育。伴随英国工业革命的深入发展，中产阶级、工人阶级力量日益壮大，成为这一时期推动英国民主化进程的重要力量。在英国工人运动的推动下，英国政府终于基本实现了成年男子拥有普选权。在政治理想不断得到实现的同时，崛起的中产阶级与工人阶级也关注到公民教育在维系民主制度和推动民主化进程方面的重要作用，这时的英国开始出现了代表中产阶级、工人阶级意志的公民教育思想以及实践。因此，现代化早期精英主义公民教育与培养顺民的公民教育，在工业革命中后期逐渐转变为精英主义公民教育和代表中产阶级和工人阶级的宪章主义的公民教育。

精英主义公民教育目标是培养忠诚、进取的帝国公民。工业革命后期，英国达到了资本主义发展的最鼎盛时期，并一跃成为世界头号强国，一个庞大的“日不落”帝国正在崛起。伴随国力的日渐强大，英国社会中也开始推崇女王维多利亚价值观，强调坚强的个人意志、严格的纪律与勇敢进取的精神；宣扬自制、自律、谨慎、禁欲主义、自治精神和责任感。在这种价值观感召与影响下，整个英国社会实现了相对稳定的社会秩序。

宪章主义公民教育的目标是培养工人阶级的民主素养。18 世纪 70 年代，英国民众的政治意识明显增强。尤其是法国大革命爆发后，这一重大事件促使英国民众对议会改革的需求更加强烈，有关自由、平等的激进政治争论也再度掀起高潮。有激进派这样声称，我们所宣称的平等就是：使奴隶成为一个人；使人成为一个公民；使公民成为国家整体必不可少的一分子；使公民与整个国家的治理发生关联，而并不是作为一个臣民。公民资格观革命性的变化，也为公民教育提出了新问题：旧有的公民资格只赋予社会中的少部分精英，相应的公民教育也只是着重培养这一少部分人的公民德行；而新的公民资格则是以人民大众被普遍授予民主权利并要忠诚于民族国家为基础。一种理想状态中的公民资格被认为应该与有效的教育联系起来。

从光荣革命至工业革命完成这段时期，英国国家建构的侧重点在于由贵族寡头制向现代民主制度的过渡，自由主义民主思想以及现代公民观念在这 200 年的时间内，逐渐渗透并深深植根于英国各个阶层的人民心中，并深刻体现在人民生活的方方面面。

1765 年，当时的化学家兼教师约瑟夫·普里斯特利（Joseph Priestly）发表了《论一种旨在文明而积极生活的自由教育课程》，被认为是推行公民教育的最早主张，他建议通过自由教育课程传递有关国家结构、法律和贸易的知

识。大约100年以后的1870年，英国颁布了《福斯特教育法案》（Foster Education Act），英国政府开始全面介入到初等学校系统之中，在公民教育的作用下，工人阶级变得更有政治素养，富人被培养成精英公民。

四、公民教育对象扩大至殖民地居民，培育帝国公民

19世纪六七十年代以后，第二次世界大战（二战）以前的欧洲处于工业资本主义时期，英国是最早进行工业革命的国家。在工业革命的推动下，1832年英国国会改革选举制度，扩大了选举权，当时主要通过历史学科的教学以渗透教育的方式对公民进行教育，试图解决因选举权的扩大带来的选民不适格的问题。但这种渗透是非常有限的。第二次工业革命从根本上改变了英国社会阶级结构，提高了素质的公民在政治上要求国家积极推行更加民主化的政策，促进了政党政治、议会民主、自由竞选、胜者掌权的政治民主化模式于19世纪与20世纪之交形成。而此时期正是世界资本主义向帝国主义过渡时期，帝国主义各国将世界瓜分完毕，资本主义世界殖民体系最终形成。为能更好地控制庞大的殖民帝国，适应已经形成的两党制的民主化执政模式，而对于一个拥有当时世界上四分之一人口数量、占有世界四分之一土地的庞大帝国来说，怎样才能令英国公民（臣民）既要忠诚于国家，又要效忠于国王，还要对大英帝国的伟业充满自豪感？英国公民教育的策略是：一方面调整公民资格，凡是大英帝国本土以及大英帝国殖民地上的居民，无论他是否出生在或者生活在英国这片土地上，都将自然地获得英国国籍，成为大英帝国的公民；另一方面，调整公民教育的核心目标为增强英国本土公民原有的自豪感与凝聚力，激发他们去征服更多的殖民地；统治殖民地的居民，培养其对大英帝国的认同感与归属感，培养其对宗主国的效忠与服从。

总之，英国把对国家的尽义务和以不列颠帝国为自豪的这种教育方式被人们称为“好公民教育”。1910年，教育委员会对“好公民”的定义是：具有正确的工作态度，恪守各种制度，行为无私、谦逊等。1934年，英国学者成立了志愿组织“公民教育协会”（The Association for Education in Citizenship，简称AEC），主张通过公民教育把学生培养成为普通大众，而非上层社会精英，进而使他们了解自由民主的优点以及法西斯主义的弊端，并把公民教育定义为：“为民主社会的公民培养必要的道德素质，以及在日常事务中的清晰思维和对现代世界的认识能力。”当时英国的公民教育较好地发挥了为国家培养忠诚、义务、参与政治、敢于抵御外来危险的“好公民”的作用。

五、公民教育服务英国多元转型，培养世界公民

二战后至今，英国公民教育实现了由无法律地位到纳入国家课程体系的名分转换，发挥了服务英国多元转型，向世界公民迈进的作用。20 世纪下半叶，全球化带来的多种不同文化及价值观冲突使得英国面临着多元与统一、民族与全球化的冲突与挑战。移民潮将英国转变为一个多元文化的社会，培养适应全球化的公民不仅是当下社会、经济、科技和政治发展的迫切要求，还是对传统基于爱国忠诚、共同文化、种族和宗教身份公民观的修正。此外，针对经济发展和科技进步同时引起的科技与人文的疏离，传统与现代的抵触，以及本土化与全球化的矛盾等全球性现象，更加迫切要求改革公民教育。此时的英国公民教育以英国公民、本土学生和移民学生互相尊重为主要内容，以培养公民正确认识自身的责任为己任，为英国社会向多元转型做出了积极响应。

1974—1978 年间，政治协会和韩萨德社（Hansard Society）共同发起了“政治教育计划”（Programme for Political Education），主张培养每个人的政治素养，政治素养的培养不只包括传授基本政治知识，还包括培养公民的政治技能。公民素质的培养应当通过与政治有关的议题来进行。通过政治教育，每个人都应当理解当下的政治议题，同时拥有能够影响政治和社会的能力，并理解和尊重他人的价值观，即使这些价值观不是自己所赞同的。

自 1979 年起，世界经济论坛每年发布一份全球竞争力报告，英国及时意识到公民素质对于一国竞争力的意义。但受自由主义思想的影响，英国公民教育缺乏中央政府统一、专业的指导，始终处于一种随意性状态，并更多地与宗教教育混杂在一起，带有浓厚的宗教色彩。国家不予干预，一直没能形成系统的模式。公民教育的重要性并未在学校教育体系中体现出来，公民学科发展举步维艰。

从 20 世纪 80 年代开始，英国改革教育管理体制，将分权管理模式改为适度的集中与统一管理，希望提高教育质量，增强英国的竞争力。1990 年，英国国会下院发布题为《鼓励公民教育》的报告，确立了公民教育在英国教育中的地位。需要说明的是，英国公民教育的地位问题在这份报告之前，官方始终没有予以明确。有分析认为由于英国是君主立宪政体，“保守”成为其社会与教育的某种特质，在公民教育方面官方表现得谨慎有余、进步迟缓。20 世纪 90 年代以后，公民（特别是年轻人）政治参与意识淡薄、远离政治、反社会行为不断增多，加上当时欧盟成立，英国的公民教育既要培养有责任心、关心国家政治的合格青年，又要培养适应全球化需要的具有了解世界、尊重多元

化、愿意采取负责的行动促进世界和平与可持续发展品质的世界公民。90 年代末，英国教育部门组建了以伯纳德·柯瑞克为首的公民教育咨询委员会，该委员会负责对公民教育进行调查和研究，并于 1998 年提交了《柯瑞克报告》，该报告吸收了英国青年会（BYC）的建议。英国青年会代表了近 100 个青年组织，拥有超过 300 万年龄在 18 ~25 岁之间的年轻会员。英国青年会认为，公民教育课程应该强调诸如民主、社区、社会和公民身份之类的议题。青年会还认为，公民课程应当使年轻人能够探索和理解与社会密切相关的热点问题、道德难题和议题，应当涵盖能使年轻人有效参与公共生活的实践技能，为他们成为完整公民做准备。通过公民学习，学生要能够发展讨论、交流和小组合作技能；能够发表有理且有效的论据，成功与他人进行协商和合作；并且能够独立思考解决问题、作出有效决策。这些实践技能的教授应当基于能使之付诸实践的机制。因此，青年会建议学校成立学生会，为学生提供作出决策和参与民主过程的实践经历。《科瑞克报告》基本采纳了青年会的建议，确定了公民教育的具体目标，认为公民教育意在通过教授知识和理解、技能和才能、价值和倾向这三组核心要素，帮助学生充分理解各自在地方、国家和国际层面所扮演的角色，以及所享受的权利和承担的义务，为学生成为民主社会的积极公民做准备。

由于《科瑞克报告》详细阐述了公民教育的重要性与必要性，提出了公民教育的目标，设定了每个关键的教学成果，对公民教育的实施提供了详细的建议与指导意见，并为这些建议在学校的有效开展提供了可行性实施方案，因此，英国政府于 2002 年终于将专门的公民教育课程纳入国家课程体系。此后，英国的公民教育因服务于各项改革实践而成为助推英国稳定发展的重要力量之一，英国公民正在由潜在的世界公民转变为现实的世界公民。

六、英国历史上公民教育的启示

综观英国公民教育史，不难发现，公民教育与国家历史进程息息相关，有什么样的公民传统，就会有什么样的国家。成功的公民教育有利于民主政治的发展，但它首先需要一个比较民主的政治社会环境，英国的民主政治环境的确立可谓历史性的继承与发展，源远流长。英国公民教育给我们的启示有：

（1）要历史地分析公民教育问题，没有抽象的脱离具体历史的公民教育；既要分析本国的历史，也要分析同时期的同区域的世界历史；既要剖析本国有关公民及公民教育发展史，更要剖析当时的社会政治、经济、文化传统等发展情况。

(2) 我国虽然没有英国那样的公民文化传统，但我们有悠久的优秀的传统文化，中国的公民教育只有与中华民族基因里的传统文化相结合，才具有民族意义和传承意义。

(3) 从来都不能脱离国家利益而进行抽象意义上的公民教育，英国公民教育史证明，公民精神需要与国家利益、社会利益、个体利益紧密结合才能获得培育和锻造，才具有现实意义和持久的生命力。

(4) 社会的协调发展和团结稳定，除建立完备的组织和制度，保障社会成员之间的政治、经济、社会关系之外，还必须形成自身的主流价值观念体系，并以公民教育的方式推进主流价值体系的深化。

(5) 我国公民教育发展应当在吸收民族文化中优秀成分的同时借鉴英国尊重个体主体性的特点，保障公民权利，培养公民自由、平等和法治观念。同时，在推行公民教育的过程中应当不断调适公民权利与义务之间的关系，达到二者之间的平衡，避免出现绝对自由主义的倾向。

(6) 借鉴英国的经验，鼓励、扶持非政府组织和志愿团体，引导学生积极进行社区参与和实践活动。同时，政府需要协调各机构和组织的工作，使公民教育的目标一致，避免出现各组织之间的努力相互抵消的现象。

(7) 公民教育在传授共同的社会核心价值观、培养国家认同时应当尊重各民族和文化群体的多样性。尊重多样性并不意味着销蚀认同国家的统一，而是把文化、信仰和种族多样性作为繁荣社会的契机。学生通过对多样性的了解，可以发展理性思维和判断的能力，为应对未来各种变化和挑战作准备。

党的十八大提出的社会主义核心价值观可以理解为我国公民教育在当代历史背景下确定的教育目的，即为了实现“富强、民主、文明、和谐”的社会主义国家，必须培养和造就具有“自由、平等、公正、法治”精神，能够传承“爱国、敬业、诚信、友善”优良传统的中国式“好公民”。

第二节　德国历史上的公民教育

如同德国的历史一样，德国的公民教育历史长期处在不断分裂与融合之中。德国的公民教育总是服务于统治者的政治目的，并深刻地反映着权力与自由的各种冲突。

一、德意志帝国：为帝国服务的责任公民教育

1871 年普鲁士统一了德国，建立了容克地主和资产阶级联合的德意志帝国。次年，德意志帝国就颁行了《国民学校和师资培训学校的管理规章》，强调学校教育要培养臣民对国家的忠诚与德意志精神。19 世纪末，德国社会由资本主义向帝国主义转型，学校教育加强了以“驯服的臣民”作为维护封建统治的政治目标的责任公民教育。这一时期的公民教育内容以帝国主义、军国主义和沙文主义为主，培养年轻的公民具有帝国意识，并将他们培养成为扩张侵略和抵制工人运动的工具，最终把德国带入第一次世界大战（一战）的深渊。

二、魏玛共和国：为国家服务的有用的公民教育

魏玛共和国于德意志帝国在第一次世界大战战败后成立，存在于 1919—1933 年。德国政府以宪法的形式保障公民教育的实施。依据 1919 年《魏玛宪法》中“所有学校都要追求道德教育、公民意识、德意志民族性和民族和解的目标”的规定，共和国政府和教育部门开展了以“公民意识”“德意志民族精神”“民族和解思想”，以及对持不同宗教或政治见解者的“宽容感”为基本思想和主题的政治教育活动。这时期的公民教育是基于国家利益，培养“有用的公民”，以实现巩固政权、缓和国内外局势、积极重建和发展国民经济等一系列维护政治统治的目标。

20 世纪初，德国教育界与工商业界的一批积极分子，开始探索公民教育理念与公民教育实践。关于公民教育理念的探索，以凯兴斯泰纳为代表，他认为教育的目的在于培养有用的国家公民，把教育作为德国资产阶级陶冶人民性格和严格控制思想的重要工具。他倡导的公民教育包括三方面：①对学生进行有关公民知识的教育，使之更好地履行公民义务。②进行职业教育，培养和训练公民的职业技能。③进行公民的道德教育和道德训练，培养学生的爱国心、忠诚与牺牲精神。实现公民教育目的的机构就是劳作学校。于是，德国工商业界将凯兴斯泰纳的理念付诸实施，创办了一些劳作学校，开展对有用公民的培训。这种公民教育理念与模式突出强调公民对君主体制的民族国家的忠诚、义务和责任，弱化了公民参与政治的权利，迎合了当时德国资产阶级培养大批生产上有技术、政治上服从资产阶级利益的新型劳动力的要求。

三、法西斯独裁政权：极权种族教化的公民教育

1933 年，希特勒建立了法西斯独裁政权，他上台后，通过大量的法令，依靠警察恐怖手段，在德国建立起一套以“领袖原则”为指导，实行“一体化”的法西斯专制独裁统治的政治体系。同时还企图实行社会一体化，对社会生活的各个领域进行控制。这一时期的政治教育无论在理论上还是实践上几乎完全脱离了西方教育传统和以往的政治教育历史，公民教育完全服务于其对外侵略的目的。各类学校被要求开展种族教育，大肆宣传雅利安人种是优等民族，要求学生学会服从、遵守纪律，具有坚强的意志、毅力和强健的体魄。此时期的公民教育是扭曲的，公民的政治身份与权利被完全剥离。

四、第二次世界大战后时期：重建公民教育

第二次世界大战后，盟国对德国实行了民主化改造，包括“非纳粹化”运动和用西方的民主思想对德国人民进行政治“再教育”，从而使民主政治观念开始在德国扎下根来，这也是德国民主政治教育真正的新开端。二战以后的西德深深地感到，民主自由的制度不仅需要宪法及其相应的法治体系，更为重要的是民主自由的公民训练。只有让人民从心底里抛弃法西斯专制思想和种族主义偏见，才能保住国家永远不偏离民主的方向。德国政府把政治教育作为意识形态工作的一个重要方面精心布置，于 1952 年建立了联邦乡土服务中心——专门的公民教育促进单位，1963 年改称为联邦政治教育中心，这一机构围绕一定的主题尤其是那些重大的社会主题召开会议和举办讲座，利用报刊和广播来推动公民教育工作，涉及经济、社会、政治体系、国际政治、历史、生态等众多领域。还专设门市部免费供应书籍，这里的书刊全是新书，而且印刷精美，图文并茂，编辑、作者的阵容也很强大，多是国家一级的专家、学者。例如，《中国国情》是关于中国文化环境中的政治、经济和社会情况的全面分析，厚达 698 页，从孔孟之道到各种主张，从内地的文盲人数到改革开放的经济增长率图表，还有中国历代皇朝年表和现代大事年表，翔实列举。

对于联邦德国的青少年教育来说，重点是反纳粹教育和反排外倾向教育，因此德国没有规避纳粹暴行，坦然承认反人性的罪行。德国战败以后，几乎没有发生过官方人士否认历史罪行的事件，这跟日本现政府的表现大相径庭，恐怕与德国知识界长期以来坚持正确的政治教育是分不开的。

公民教育在德国大学里也得到了很好的发展，通过专业教育培养学生的社

会责任感。以德国大学进行专业教育为例，学生进校后，首先进行培养学生对所选专业的责任感的教育，“教育学生端正专业态度，明确自己今后的岗位目标，进而明确对社会的责任。通过责任感教育，学生从热爱专业到热爱职业，从以学好专业为自豪，到以在专业领域为社会作出贡献为自豪，直至成为有社会责任感的公民”。①

五、当代德国公民教育：从政治教育到公民教育

1999年的《国籍法》，对部分人群实施出生地主义的国籍政策，还允许持双重国籍，其主要目的在于整合常驻国内的外国人。另外，德国还赋予欧盟诸国的外国人地方参政权。德国的公民概念一直在发生变化。2000年，修订《移民法》，改变国民、常住外国人、临时居住者的含义。2000年前后，民主主义学习教育活动在德国变得较为活跃，它是欧洲理事会为培养欧洲公民向欧盟诸国倡议的活动。与此同时，一直备受关注的政治教育也正悄然产生变化，虽说仍在政治教育范畴内，但开始转向培养积极公民，从过去的以政治知识教育为主转为注重态度的变化和形成具体的情绪和态度。另外，由于来自PISA（国际学生评估项目的缩写，是一项由经济合作与发展组织统筹的学生能力国际评估计划）的冲击，德国教育界开始倍加关注学生能力的培养，与政治教育的转型一起呈现出颇为复杂的局面。

六、德国历史上公民教育的启示

德国社会历史的发展，无论是政治、教育或公民生活，无不存在着各种牵涉权力与自由的冲突。德国既是具有世界影响力的作曲家、文学家、科学家、哲学家的诞生地，同时也出现了一些极端的负面形象，如希特勒等。从责任公民、有用公民到种族歧视，从政治公民到积极公民，德国的公民教育发展也深刻地反映出这一冲突的社会现实。但是冲突没有彻底阻碍德国的发展，恰恰是那些冲突，造就了德国对世界的多样性贡献，每一次教育目标的转向，都体现出德国人在冲突中不断修正直至走上正轨的智慧。德国的公民教育给我们的启示有：

（1）德国敢于正视两次世界大战的战争责任，积极反省，通过坚持不懈的公民教育逐步改变德国的国际形象，提升国际地位。

---

① 孙梓毓．德国的公民教育及对我国的启示［J］．成功（教育版），2013（04）：8－9.

（2）德国公民教育渗透于高校的专业教育中，通过专业责任感的教育，明确大学生对社会的责任。

（3）德国民主政治家和知识界关于公民教育先于经济发展的前瞻认识，在经济远远没有起飞的困境中优先发展公民教育的举措，为德国经济腾飞奠定了坚实的人力资源基础。

（4）21 世纪的德国积极主动将政治知识为主的教育转型为培养积极公民的教育，顺应了新世纪全球化的变革形势。

第三节　俄罗斯历史上的公民教育

俄罗斯经历了苏维埃社会主义革命，建立了世界上第一个社会主义国家，但是到了 20 世纪末却经历了分裂，主体部分转型为资本主义国家。俄罗斯 20 世纪 90 年代全面私有化，苏维埃体制终结，而且俄罗斯局部变迁与整体变迁在方向上具有不一致性。它不仅从计划经济体制转向市场经济体制，而且所有制结构也从公有制转向私有制，政治体制则是从斯大林模式的社会主义转向资本主义。俄罗斯教育观也处在变迁中，俄罗斯为了充分满足“应该为何种社会去培养何种品质的人”进行的教育改革，促进了俄罗斯教育发展。特别是苏联解体后，俄罗斯教育经历了十几年的风雨，直到 20 世纪末，着眼于本土与传承的公民教育观才指导国民素质发展取得了很大成绩。

一、苏联时期的公民教育：社会主义话语体系中的新人

苏联时期的公民教育可以说是一种社会价值观教育，它是共产主义信仰的体现，载体是思想政治教育、道德教育、劳动教育，从而达成新人的养成。而且在苏联公民教育中的“公民”更多意义承载的是责任和义务，称呼其为国民更为合适。

它重视公民对集体的奉献。集体主义是指以人们共同的劳动、共同的目的、共同的斗争为共同点结合在一起形成的一个社会有机体，是苏联公民教育中不可或缺的部分。公民教育观指向爱国主义的意识形态教育，以平等、爱国、集体主义为指导原则，以马克思主义理论为指导，以马克思主义发展的列宁思想为核心，培养“苏维埃化”新人。“苏维埃化”新人的公民教育是包含劳动教育、品德教育和思想政治教育的共产主义教育。

至解体前苏联的整个教育制度的特点是理论与实践相一致。学生除了学到书本上的知识之外，同时学到若干实际的技能。例如，学生不仅在植物学课上研究植物，而且也须学习实际栽培的方法；在物理课上学生不仅研究物理的法则，而且也须学习实际运用物理器械，获得把物理应用到生活中去的最初步的实际知识。20 世纪 60 年代，要求教科书要反映现代科学和生产水平，扩大职业教育，完善职业教育体系等教育领域的改革，与当时社会需求紧密联系，能够充分体现社会对公民教育的要求。

传统的高度集中的苏维埃社会主义，其实质是国家对公民意识的漠视和对公民社会的挑战和吞并。苏联政治经济模式是指令性经济体制，在指令性经济体制下的公民观念必然是服从国家的统一规划，集体主义、国家至上、统一的革命信仰成为当时公民教育观的主流。

二、俄罗斯时期的公民教育

（一）初具现代意义的公民

作为公民一词出现在苏联是 20 世纪 80 年代末，到 1993 年《教育百科全书》教育类词典中首次使用的公民教育一词，一改以往使用的国民教育。当时的公民教育是为养成公民素质，这些公民素质包括道德、法律修养，人的尊严，对国家的尊敬爱护、责任和国民情感。

1991 年苏联解体，叶利钦时代的俄罗斯公民观念在形态和体制上要去意识形态化、去集团化，实现多样化、人道化和人文化，在公民的素养上提出的相关要求可概括为法律、道德修养，爱国主义、民族主义、国际主义情感，伦理、政治、经济生活的整合。这个时期美国的公民教育专家对俄罗斯提供了很多美国经验，包括公民教育内容、目标、体制改革等，所以这一时期俄罗斯公民教育指导思想是激进的美国模式，人们将民主的概念意识形态化、理想化、概念化、片面化，认为西方政治经济体制就是民主，政治上的绝对放松和自由就是民主，使得公民教育无论在形式上还是内容上都一味照搬西方的经验和自由主义教育模式，而忽略了俄罗斯深刻的历史和社会背景之下公民教育的特殊性。因而，20 世纪末期的俄罗斯公民教育理想与现实严重脱节。

（二）新思想公民教育

市场经济的发展以个人独立为前提，要求人具有开创、进取的精神。这种人格与传统经济或闭塞经济所要求的依附型人格、服从型人格完全相反，是现代意义的公民人格形象。解体后的俄罗斯社会，其经济、政治和文化的目标是提供一个良好的社会环境，变迁期间在一定程度促进了俄罗斯公民社会兴起。

进入21世纪后，俄罗斯开始反思全面模仿西方的做法。2000年3月27日，普京当选俄罗斯总统，发表了《千年之交的俄罗斯》这一“纲领性”文件，提出了标准化的“俄罗斯新思想”，包括“爱国主义、强国意识、国家作用和社会团结”。“俄罗斯新思想”也为俄罗斯公民教育在新世纪的发展明确了方向和内容。2002年颁发的《俄罗斯联邦国民教育要义》提出国民教育是为精神生活、社会经济和国家安全而服务的，战略目标是民主法治国家和公民社会的发展；提高竞争力，为处于国际市场经济中的俄罗斯提供人才资源保障；确立俄罗斯在国际交往中政治、经济、教育、文化、科学技术的强大国家地位，反映国家、社会、雇主等社会伙伴在普通和职业教育的质量问题上、在年轻一代的思想品德教育的质量问题上的责任。

为了加强爱国主义教育并加快俄罗斯的建设，俄罗斯政府颁布了《2001－2005年俄罗斯联邦公民的爱国主义教育纲要》和《2006－2010年俄罗斯公民的爱国主义教育纲要》。另外，根据《2010年前俄罗斯教育现代化构想》要求，独辟蹊径地建立了“公民教育空间”，这个空间的框架结构由众多的组织所构成，有学校、家庭、宗教组织、公民教育的补充教育机构以及青年组织、社会研究机构、大众媒体等，这个结构在一定形式上构成了一个完整的系统。

1999年成立的俄罗斯国家教育中心提出了促进公民教育法律、政治、经济等方面的知识，包含尊重人权、宽容、迁就、自尊、公民意识等价值观。还提出了五个基本任务：一是引导学生对个人和社会的关系进行正确认识；二是促进学生个人道德的发展；三是让学生形成对法律的认同感，让他们明白“公平”“平等”“自由”“尊严”的内涵和“人权”“民主”等概念，并在实际的生活中能够加以利用；四是培养学生积极、充满理性的公民社会观念；五是培养学生认真负责的态度，以及人际沟通能力，继续加强学生的公民意识。

从苏联社会主义话语体系中的“新人”到解体后初具现代意义的公民，至目前俄罗斯“新思想”公民教育观的确立，俄罗斯公民教育是对社会变迁模式的真实反映。俄罗斯公民教育观的转换具有激进性，而且这种特性也给俄罗斯教育体制、教育管理和教育内容带来了同样的影响。俄罗斯经过多年的探索与实践，其公民教育观表现得趋于契合国家需求，更理性化，确立了公民教育新的目标、内容、方法途径以及相应的课程，初步形成了较为完整的公民教育体系：①明确了公民教育的目标为培养拥有一定的知识（法律、政治、经济等知识）、技能（批判性思维、分析、综合等）、价值观（尊重人权、宽容、

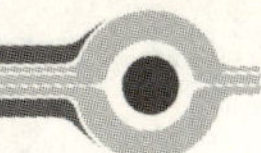

互让、自尊、公民自觉性等）以及参与社会政治生活愿望积极的民主社会公民；②构建包含公民政治意识教育、爱国主义和国际主义教育、全人类价值观教育、法制教育、道德教育、生态教育、经济教育、社会及社会心理教育、劳动教育等内容的较为完整的公民教育内容体系；③创新公民教育的实施途径与方法，如课堂教学、课外活动、学校民主生活、网上教育等，其中构建学校民主生活制度是有效开展公民教育的新尝试。俄罗斯教育界认为，只有在民主的学校中，才能培养出民主社会的公民。

三、俄罗斯历史上公民教育的启示

我国与俄罗斯公民教育观有很多相似之处。前苏联和俄罗斯公民教育是在两种不同社会制度、意识形态条件下进行的，我国公民教育观与俄罗斯公民教育观的宏观社会结构具有相似性，都是从计划经济体制向市场经济体制转换。处在转型期的中国，有必要学习、借鉴、探讨俄罗斯公民教育的成功经验。俄罗斯公民教育给我们的启示有：

（1）前苏联公民教育观在一定程度上是与阶级观念相联系的，公民身份的取得和失去是由能否忠诚于社会而决定的。作为前苏联的公民优先考虑的是政治权利，公民的政治权利受制于专门的机构和人员，前苏联公民是一个政治概念，与现代意义上的参与、公共生活等公民教育内涵相悖，前苏联时期的经验教训我们应当引以为戒。

（2）俄罗斯新的公民精神对其国民教育观念的更新，政府的舆论引导起到了关键的作用。这条成功经验需要在我国的公民教育中继续坚持。

（3）虽然俄罗斯在20世纪90年代末所追求的公民教育观照搬西方，但是当今的俄罗斯公民教育观关注全球与本土，融合本土与外来，这种变化本身就是值得我们学习的。

第四节　美国历史上的公民教育

至2015年，美国作为国家的历史只有250年。虽然美国公民教育要晚于欧洲国家，但是其自建国起就高度重视公民教育。从杰斐逊、本杰明·拉什等政治家、思想家将公民教育放在教育发展的优先地位，到杜威等教育家对公民教育的有关思想、理论和实施等进行的深入研究，美国公民教育理论与实践取得了显著成效，建立了详细可行的公民教育内容和实施方案。中国的公民教育理论研究和实践起步较晚，公民教育经验很少。美国历史中的公民教育经验对于研究转型期如何提高我国公民素质，助力国家转型有较好的启迪，可以学习和借鉴美国公民教育的一些做法。

一、美国独立到南北战争结束：催生公民教育

1776 年美国宣布独立。1783 年，美国虽然取得了独立战争的胜利，但是英国仍不断在边境制造事端，直到 1812 年最终美国取胜。战争经历增强了美国人的民族观念，国家观念进一步深入人心。民主呼声，党派之间的斗争，反黑奴解放运动等将民主潮流推向了新的阶段。要保证新生的共和国能够持久地存在下去，需要新的治国理念，需要人民对共和国理念和民主政治的了解与认同；需要人民的支持和拥护，需要对人们的思想观念、态度、价值观进行"革命"，给他们注入独立、平等、自由等观念，使他们成为真正独立自由的人；需要人民具备强烈的爱国主义情感。新的国家需要脱胎换骨，需要变革教育体制，更新教育观念，于是培养民主共和国家的适格公民成为当时教育的首要任务。从此，公民教育成为了历史赋予美国人的时代使命。

共和国的基础是适格的公民，而养成适格公民的关键是教育，教育最有效的途径是学校。政府办教育已成为共识。于是在 19 世纪 30 年代产生了一场影响深远的公立学校运动。1789 年的《独立宣言》和 1791 年的《宪法修正案》为这场公立教育运动提供了有力的法律保障，是美国公民教育的宝典，法治精神是当时美国公民教育的主要内容，奠定了 250 年来美国民主政治的基础。这时公民教育的主要任务是进行扫盲教育的读、写能力的培养，内容涉及爱国主义、基督美德、历史、政府一般原理、职业家庭生活和社会生活指导等方面，公民教育的价值取向侧重于爱国主义、自由、民主和平等，公民道德以培养人们的爱国情操以及对上帝的虔诚敬奉为基础。教学方法为传统的灌输方式，学生抄写、记诵相关内容等。自由主义、个人主义和法律意识成为公民教育的核心价值。此后，美国公民基本价值教育以此为核心内容，这一传统一直延续至今。

这一时期的公民教育才刚刚起步，公民教育既不普及也不平衡，也几乎没有任何关于公民技能的培养。从整体来看，此时的公民教育还缺乏完整性和系统性。

二、战后重建到第一次世界大战前：培养民族认同感

南北战争于1865年4月结束。四年残酷的战争，国家元气大伤，迫切需要重新建立州政权和恢复生产事业，使分裂的国家重新统一起来。在政治上，资本主义的生产关系逐渐取代了奴隶制度；多数州废除了黑人奴隶制，联邦宪法修正案确定了黑人的公民身份。在经济上，产业革命的深入开展，使工农业实现了现代化。在思想上，自由放任思想占主导地位。在教育上，已经形成了由学前教育、初等教育、中等教育、高等教育、师范教育和职业教育构成的完备的教育体系，公民教育随之普及。

南北战争后公民教育的主题仍以爱国主义和基督美德为主要内容，坚持自由、平等、民主的基本政治价值取向，但是在目标和任务上有所增加和侧重。南北战争后，机器大生产的出现以及工农业技术的进步，客观上要求人们掌握更多、更先进的技能，体现在学校教育中就是增加了职业技术教育，对于公民教育来说，不仅要做一个忠诚于美国及美国制度的“好公民”，而且要做一个能有助于美国发展壮大的“有用公民”。职业技能与职业道德的教育是职业技术教育的主要方面，职业技能培养重在工农业生产需要的先进的技术和技能，职业道德教育强调守时、遵守纪律、勤奋、诚实、专心以及合作等品质的培养。教学方法上仍然以灌输的方式为主。

这一时期，美国公民教育体系趋于完备及普及化，建立了覆盖初等、中等、高等教育和职业教育的公民教育体系，包括城市贫民、外国移民、黑人、印第安人等在内的更加广泛的人群都有机会接受公民教育。这有利于各民族较快地适应美国主流社会的生活方式，增强角色意识，成为美国社会的合格一员。公民教育体系的建立与普及，进一步促进了南方、北方的团结、增强了民族认同感。

但是黑人与白人的公民教育比例差距明显，尽管黑人的权利得到了法律的保障，但由于社会对黑人的歧视仍十分严重，一时难以将这种观念彻底改变，黑人的公民教育仍远不尽如人意。

19世纪八九十年代，美国基本上实现了工业化，一跃成为世界上的经济强国，吸引了大量移民涌入。美国人非常担心这些新移民会破坏来之不易的民主政体和共和制度，瓦解共和国存在的基础，致使美国再次陷入四分五裂的无政府状态。美国政府的策略是，一方面实行限制移民政策；另一方面加强新移民的“美国化”，即政府通过强制手段迫使非英裔的新移民放弃原有的民族文化传统，学习美国的语言、风俗习惯和制度，接受美国的价值观，认同美国及

其民主制度，成为热爱美国并忠于美国民主社会的公民。学校教育仍然被看作是“美国化”的主要途径，公民教育地位在学校教育中再一次凸显出来，一个以美国价值为指导的多元文化并存的新的美利坚民族及“美国精神”逐渐养成，人们的爱国主义情感与民族自豪感进一步得到增强，各民族更加团结，更为融和，共和政体与民主制度进一步得到巩固和发展。

三、一战到二战期间：培养民主主义公民

第一次世界大战期间，远离战场的美国通过向战争双方提供军事物资而大发战争财，同时也刺激了本国工业的发展。在战争的最后一年投入战斗并成为战胜国，更加提高了美国在世界的地位。同时期，美国国内受杜威思想的影响，致力于民主主义社会的建立，这一思想同样成为公民教育的指导思想，甚至时至今天，公民教育也离不开杜威的公民思想。杜威的公民教育思想概括总结有如下几点：民主主义社会的建立是学校教育的目的，通过学校培养民主主义社会合格的公民；民主主义社会的实现最基本的、最首要的而且最审慎的途径就是学校教育；合格公民的培养最重要的是公民道德的培养；重视科学思维方法或科学探究方法的培养；提倡合作精神的培养，造就合作的责任公民。

杜威公民教育思想的重大贡献在于，他将公民教育由学术殿堂着陆于社会实际，公民教育目标从政治领域的抽象概念转向了社会领域的实际行动，即将实现民主主义社会的理想作为公民教育的目标，公民教育实施的课程、途径、教学方法等都以此为指导进行一系列改革。公民教育从范畴上不再局限于狭义的政治教育，即仅仅是从个人与政府的关系出发进行的关于政府及其运行、个人的权利与义务、国民意识等的教育，还涉及经济、文化及国际关系等社会各个层面的教育。公民教育内容总体上包含了公民知识、公民价值与公民技能三个方面，而公民参与技能在这一时期得到了重视；公民道德教育不再以基督美德为主导，代之以世俗道德，注重个体的品格教育和道德智慧的培养。公民教育越来越趋于人性化、科学化。

四、二战后至21世纪：反映时代主题的公民教育

20世纪60至70年代的美国主要有两个公民教育主题，一个是战后对美国青年的公民教育；另一个是有关黑人、印第安人等少数族群的公民教育。

受二战影响，美国青年面临生存就业困境，一些青年出现了厌世、反社会的情绪，引发了一系列影响稳定的比较严重的社会问题。为改变这种状况，

1946 年由联邦教育总署创立了“青年生活适应教育委员会”，对作为美国公民的青年进行生活适应训练。适应教育定义为：“更好地使所有美国青年过上称心的民主生活并成为有利于社会的家庭成员、工作者和公民作准备。”① 生活适应训练介于公共教育和职业教育之间，约有 60% 的青年需要接受生活适应教育。生活适应教育的重要意义体现在它不仅是青年们享有公民教育权利的体现，也是一种为青年进行公民教育的主要方式；它还是当时一次较为成功和先进的公民教育改革；它填补了公民教育空白，即以那些未考上学院和未参加工作的青年们为教育对象，促进了公民教育的发展。

20 世纪 60 至 70 年代是黑人争取权利运动的最活跃的时代，也取得了相当大的成果，联邦政府相继颁布法案肯定黑人族群的权利，保护黑人族群的权益。美国本土的印第安人的权益也逐渐受到政府重视，在相关法律的规定下，他们取得了享有平等待遇的公民身份和地位。除了黑人、印第安人，还有西班牙裔美国公民、亚裔美国公民等族群，美国提出了文化多元主义，主张多元共生，允许各民族保持原有的语言、文化，以此促进民族和谐、文化包容。

20 世纪 70 至 80 年代的美国公民教育主要以残疾人的公民教育、生计教育、品质教育三个方面为主题。

残疾人公民教育。1970 年国会通过《残疾人教育法》，首次对身心障碍者的教育制定独立法案，州必须为其安排适当教育。后来还有《康复法》《身心障碍者教育法》《美国身心障碍者法》和《身心障碍者教育法修正案》，这些法案不仅肯定了残疾人的公民权利，还为其制定了合适的教育措施，将残疾人纳入公民体系，目的是将其培养成为有能力、能够实现自我价值的合格公民。关注残疾人公民教育，而且是一种内涵丰富的有关公民人格尊严的教育，意义深远。

生计教育。1971 年美国提出了“生计教育”，实质也是一种适应教育，即以职业教育和劳动教育为核心的适应瞬息万变的社会的教育，它要求培育和训练每个公民具有适应社会变化的知识、技术和态度，既保证每个公民的生存也促进社会的发展与繁荣。由于实践过程具有很大难度，而且操作起来也不切合实际，以失败告终。但其公民教育的内涵还是值得我们了解的，在将每个公民培养成合格公民的前提下，提出的生计教育，从某种程度上说，生计教育就是当时的公民教育。

品质教育运动。20 世纪 80 年代，美国人对政治冷漠，表现消极，引起人们质疑先前的公民教育目标和内容，提出公民教育应该让青年学生与成年人在

① 瞿葆奎. 美国教育改革［M］. 北京：人民教育出版社，1990：77.

他们感到民主价值观受到威胁时，知道该如何去捍卫这种价值观。在这种背景下，美国掀起了品质教育运动，以公立学校为主力，回归“核心价值”，即学校要培养学生核心的道德价值，如同情、勇敢、礼貌、公平、诚实、友善、忠诚、坚持、尊重和责任等，培养具有创造力和批判精神的公民。

20 世纪 90 年代以来美国的公民教育以责任公民为主题。1990 年，联邦教育部颁布了《美国 2000 年教育目标》，该文件规定的六大教育目标之一是关于学生成就和公民资质的教育目标。1994 年的《美国教育法案》中明确规定：到 2000 年所有的学生都要学习《公民和政府》课程，以使他们具有负责任的公民资格。政策虽出自不同党派、总统之手，但它们既有各自的重点和特点，又一脉相承，都将“培养坚定的公民品格”定为其战略目标之一。“9・11”之后，强烈的爱国主义是对美国公民的基本要求。奥巴马的公民教育新政涵盖了从学前教育到高等教育、从个人学业成就到国家竞争力，既着眼长远发展又针对经济危机困扰中的教育实际，注重公民和国家的互动、双赢；既强调国家教育政策对每个公民的正义性和公平性，给予每个公民尽可能多的机会和权利；又强调个人和组织对国家和社会的责任，提倡在学校里培养新的责任感文化，认为每个人、每个组织若都能尽好自己的职责就是对国家、对社会的间接履责。

五、美国历史上公民教育的启示

美国公民教育的目标因社会政治、经济条件、生产力水平、科学技术发展等因素而不断变化，但是爱国主义是美国公民教育的一贯目标。美国公民教育给我们的启示有：

（1）公民教育的目标应顺应不断变化的社会，但需要把培养民族精神、爱国感情作为公民教育的核心和不变的目标，它们是中国之所以立于世界的脊梁，是国家“长治久安”的保证。

（2）注重公民参与意识和实践能力的培养。我国的公民教育主要以知识和价值观的传授为主，对学生的参与和实践关注不够。

（3）把权利和义务意识放在重要的位置。缺乏公民意识被认为是制约我国现代化发展的一个重要因素。人们更多是被动地履行义务，并且缺乏对自己权利的了解与维护，这不利于民主法治社会的建设。

（4）在社会发展的任何时期都不能忽略公民教育，即使在科技教育在学校中占重要地位的今天，也要将公民教育与时代相联系，与现实生活相联系，一直把公民教育摆在教育发展的重要位置。

（5）美国的历史证明社会转型有赖于职业技术教育和公民教育对人力资源的贡献，公民教育只有与职业教育紧密结合，将职业教育作为公民教育的重要任务，才能适应瞬息万变的社会，公民教育才是有的放矢的，才能有效果。

（6）关注残疾人、高中毕业未能继续学业亦未就业群体的公民教育，通过进行各种适应性教育，将这两类群体纳入公民教育整个体系中，使他们成为真正意义上的受益者。

（7）制定国家课程标准，明确在国民教育体系中各类型学校的公民教育目标，特别要体现出在现代教育体系中各类教育形式和不同层次的公民教育目标以及它们之间的关联性。

（8）公民教育应有国家法律做保障，在实施过程中，有政府资金支持。

第五节 新加坡历史上的公民教育

历史上有关新加坡的最早记载是在公元3世纪，当时的中国人把新加坡称为“蒲罗中”，在1365年的《爪哇史颂》中又称之为淡马锡（意思是“海城”）。到公元14世纪末，梵文名称“新加坡拉”（狮城）成为通用的名字。同一时期，新加坡卷入暹罗（现在的泰国）和爪哇满者伯夷王国争夺马来半岛控制权等的战争，战后新加坡被各方所遗弃，房屋全毁而沦为丛林，从此沉寂隐没。直至公元17世纪，新加坡一直是马六甲王国的重要部分。1824年，新加坡成为英国殖民地。1942年2月5日，新加坡被日军占领，改名昭南岛，沦陷了三年半。日本投降后，英国于1945年9月5日恢复对新加坡的殖民统治。1946年1月，新加坡成为英国直辖殖民地。1948年4月，通过有限的选举成立新加坡立法议会。1959年6月3日，新加坡自治邦正式成立。1963年9月16日，新加坡、马来亚联合邦、沙捞越和北婆罗洲（现在的沙巴）成立马来西亚。1965年8月9日，新加坡脱离马来西亚，成为一个有主权、民主和独立的国家，同年12月22日，新加坡成为共和国。

新加坡自1965年正式独立以来，曾因国小民寡、资源匮乏被断言“独立的新加坡是没有前途的”。但是，50年的实践已经证明，新加坡不仅以经济上的高速增长曾赢得“亚洲四小龙”之一的赞誉，还以经济发达、政局稳定、社会秩序良好的国家形象迈入现代化国家行列，成为世界上公认的文明国家。这与其实施良好的公民教育是分不开的。独立之后，新加坡大力发展本国的公民教育，取得了巨大的成功，成为我们需要学习的毗邻国家的典范。

一、独立之初：国家意识的公民教育

在英国殖民时期，殖民政府的种族政策是“分而治之”的策略，新加坡独立初期亦承袭“分而治之”的传统，然而，这种制度虽然有利于维持民族的独特文化领域，却不利于国家一体性的建构，甚至造成社会的分裂。另外，新加坡东西方文化互相交融，人口构成复杂，有华人、马来人、印度人等；宗教信仰多种多样，有伊斯兰教、佛教、基督教、锡克教，还有拜火教以及华人的儒、释、道传统。

在这样一个人口、宗教信仰都很复杂的环境中，其国内民众的国家意识很淡薄，基本上没有多少人认同“我是新加坡人”。对于一个新生国家来说，如何弥合种族间的隔阂，容忍文化上的差异，以建立一个共荣、共存的多元文化社会；如何培养国民的国家意识，加强公民对新加坡的认同，增强公民的归属感，使其认同新成立的新加坡共和国，并且履行作为一个新加坡公民所应尽的责任和义务，成为摆在政府面前的一个重要任务。因此，新加坡政府特别注重培养公民的国家意识，以各种方式使公民都能够在心理上认同新加坡，加强公民对新加坡的归属感，在心理上认同“我是新加坡人”。新加坡教育部制定了学校道德教育和公民综合训练大纲，编写了公民课教学大纲，对全国中小学生实施统一要求的道德教育和公民训练。

二、20世纪60至90年代：东方价值观到共同价值观的公民教育

20世纪60至70年代，正式独立的新加坡注重经济建设，忽视社会道德、价值观念等方面的思想政治教育，大力引进西方科学技术，新加坡的经济增长迅速，工业化和现代化的进程加剧。结果伴随着西方社会思潮和价值观念的大量涌入，青年一代的价值观、宗教信仰和生活方式开始强烈地受到西方价值观的影响，新加坡原有的公民教育已经不能适应其现实社会状况，个人主义的盛行使新加坡面临被全盘西化的危机。此外，伴随着经济的发展，西方社会的社会病如吸毒、色情、自由化等问题日益突出。因此，必须改变先前的公民教育。

以李光耀为首的新加坡领导人开始重视精神文明建设。1979年，新加坡发布了著名的《道德教育报告书》，在报告书中，新加坡政府全面反思了六七

十年代德育教育中的失误和问题，提出：所有学校应有正式的道德教育，内容包括个人行为、社会责任和效忠国家三个主要方面。鉴于新加坡的华人占其人口比重将近76%的事实，新加坡非常重视儒家文化的作用。李光耀认为，儒家文化是中华传统文化的主体和精华。儒家并不是一种宗教，而是一套实际和有理性的原则，目的是维护世俗人生的秩序和发展。他呼吁，要保留儒家的基本价值观。

李光耀进一步提出儒家传统理论的精髓“八德”，即忠、孝、仁、爱、礼、义、廉、耻，同时又根据新加坡的实际，对传统“八德”进行了重新诠释。“忠”就是忠于国家，忠于人民。新加坡是个移民国家，不论你来自哪个国家，哪个种族，一旦成为新加坡公民，就应将新加坡当作自己的家，为了国家的利益要勇于牺牲自己的利益。“孝”就是要尊老爱幼，孝敬长辈。家庭是社会的基本结构，也是保障社会稳定的基础。“仁爱”就是关心他人，富有同情心和友爱精神。“礼义”就是要彬彬有礼，真心诚意；“礼”在日常生活中就是礼貌；“义”就是信义，即待人接物要坦诚守信，不要欺骗和狡诈。“廉耻”就是要廉洁奉公，遵纪守法。“秩序”和“廉洁”成为新加坡最宝贵的精神财富。“忠孝、仁爱、礼义、廉耻”这些古老的中华文化价值观在新加坡被重新诠释，成为重建新加坡价值观的指导思想和新加坡人重建自信的力量和精神源泉。新加坡学习和发扬儒家思想，把它作为“治国之纲”和社会道德准则。但新加坡并不是照搬传统的儒家思想，而是结合新加坡的实际，汲取儒家文化中的精华部分，对传统文化中落后成分坚决地摒弃，将儒家传统文化思想进行现代化改造，并汲取西方文化中的精华部分，形成独特的“东方价值观”。

20世纪90年代，是新加坡公民道德教育逐渐定型的时期。新加坡逐步将东方价值观提升为国家意识，并大力宣传。1988年10月，新加坡总理吴作栋提出发展“国家意识”的建议。他把这种“国家意识”称之为“各个种族和所有信仰的新加坡人都赞同并赖以生存的共同价值观”。1989年1月，黄金辉总统进一步完善了共同价值观的内容。这就是：国家至上，社会为先；家庭为根，社会为本；求同存异，协商共识；种族和谐，宗教宽容。1990年2月，新加坡政府正式发表“五大共同价值观”的白皮书，内容包括；国家至上，社会为先；家庭为根，社会为本；关怀扶持，同舟共济；协商共识，避免冲突；种族和谐，宗教宽容。1991年1月，共同价值观的白皮书获得议会批准。这五大价值观不仅是新加坡学校公民教育的主旨，更是新加坡公民教育的指导方针。

三、20 世纪末至 21 世纪初：由国家认同教育到国民共识教育

1997 年亚洲爆发了金融危机，虽然新加坡很快从金融危机的风暴中站了起来，并巩固了其国际金融中心的地位，但经济繁荣、人民富裕所带来的物质享受导致许多人迷失了方向，他们对国家的认识更多是建立在经济成就的认同上。国家认同问题再次被提上议事日程。

国家认同，是指一个国家的公民对自己祖国的历史文化传统、道德价值观、理想信念、国家主权等的认同，实质上是一个民族确认自己的国民身份，将自己的民族自觉归属于国家，形成捍卫国家主权和民族利益的主体意识。人们只有确认了自己的国民身份，了解了自己与国家存在的密切联系，将小我置于大国家之中，才会维护国家利益，才会为国家文化自豪，才会对国家的发展负责。新加坡的多元种族、多元语言、多元宗教、多元文化的特点，令其在国家发展同时，常会遭受族群认同的挑战。

一种组织成为一个国家的要素，主要看国家公民的凝聚程度以及共享一套特定价值或国家价值的程度。新加坡政府在《共同价值观白皮书》中清晰指出：国家优于各族群的社群与文化。共享价值成为当时对国家认同的指导原则，也显示国家认同在文化认同之上。李显龙在 1997 年的国民教育计划实施仪式上曾指出："新加坡的国情复杂，民族宗教文化多元，因此必须积极开展国民教育，以凝聚全国人的共识。"从 1997 年开始，新加坡在全国范围内开展普遍的国家意识教育，尤其是刻意加强学生对新加坡的基本国情的认识，包括新加坡的领土、人口构成和文化。同时，新加坡政府利用大众传媒，尤其是电视广播来制作和播放相关的教育电视节目，以更直观有效的方式对国民进行国家意识方面的灌输。1998 年新加坡发布教育的新三大政策：创新思维教育，信息科技教育和国民教育。当时新加坡总理吴作栋认为国民教育，应该是培养共同的国家意识，使学生了解我们对今天和将来的影响。新加坡开始推进以国民教育为核心的公民教育计划，并设定目标：灌输核心价值观，培养国家认同，强调东方价值观。新加坡政府为加强对国家的认同，以"想象的共同体"来凝聚国内共识，从 1999 年开始提出"新加坡族"的概念，促使各族群认同新加坡。在文化上，新加坡政府实行多元文化教育政策，将其国民的文化认同与国家认同分开，不同民族的人可保有其民族之语言、宗教、习俗等；在政治上"认同新加坡"这样的概念不断出现在新加坡的公民教育课程之中，并且没有因为时代的变迁而有所改变。

四、面向21世纪的国民形象教育目标

1998年，新加坡教育部颁布教育目标作为各教育阶段的中景目标。教育部将这次颁布的教育目标视为适应知识经济与全球化趋势的开发与评价课程的基础依据，并开发出各教育阶段所要培养的教育素质与能力指标，成为新加坡“公民道德教育”课程改革的重要依据。教育目标一方面注重改革精神、冒险精神（创业精神）、创造性等能力目标；另一方面也强调全球公民意识和对新加坡的忠诚。其中中等后教育及大学毕业生的教育目标是：

（1）坚持道德公正；传承自身文化；理解并尊重其他文化；对家族、集团、国家的责任心。

（2）坚持多民族主义与实力主义原则，认识到国家的局限，探索发展机会。

（3）成为成熟社会的主权者。

（4）勤勉：对工作的自豪；注重与他人的合作。

（5）合理思考和判断事物；而对逆境抱有勇气与信念；充满自信地面对未来而探究、分析、应用知识。

（6）革新能力：不断向上的精神、终生学习的习惯；创造之精神与实践能力。

（7）从全球化角度思考；热爱新加坡。

新加坡教育部对其大学公民教育的内容没有作出统一和具体的规定，在上述教育目标的规范内，不同的高校可以有不同的内容。但是，多数大学都开设了以下主题的课程：公民品格教育，新加坡高校普遍对学生进行公民品格教育，即培养学生核心的价值观，如爱国、诚实、勇敢、合作等；儒家伦理教育，新加坡大学广泛开设儒家伦理课程作为必修课或选修课，培养学生的儒家伦理观和东方价值观，设计的整个教学结构是以东方价值观为内容，而以西方教育原理和方法为形式，彰显新加坡公民教育的独特之处；国家意识教育，在国家公民教育政策指导下，新加坡高校采取正规课程与非正规课程结合方式开展国家意识教育，向学生灌输国家核心价值观，培养国家认同和国家意识。

五、新加坡历史上公民教育的启示

多元文化在新加坡是既存事实，多元文化价值的教育，是社会安定的基础要素之一。不同种族的共容共存，成为维持社会稳定及可持续发展的原动力，也是新加坡得以成功的因素之一。新加坡的国民教育在经济全球化与教育国际化的今天，也面对着诸多挑战。通过政府和学校多年不懈的努力，其成效已经显现，尤其在新加坡国人的国民素养和价值观认同上得以彰显。新加坡公民教育给我们的启示有：

（1）政府层面高度重视公民教育，从独立那天起，公民教育一直成为发展国家的重要战略，并契合了国家在不同阶段对公民教育的目标要求。

（2）加强国家意识教育和国民意识教育，以各种方式强化公民在心理上对国家和对国民身份的认同。

（3）传输正确的价值观和道德标准，注重用优秀的儒家传统理论与现代公民理论有机结合，塑造国民性格。

（4）及时调整公民教育的时代目标，以适应不断变化的多样性社会要求。

虽然中、新两国的国情、教育模式不同，但国家的使命与教育的本质是一致的，都是为了祖国的繁荣、民族的振兴和下一代的成长。借鉴新加坡的公民教育，将有利于改进我国公民教育的现状。

第十章　国际组织的公民教育

第一节　联合国教科文组织的公民教育

联合国教育、科学及文化组织（United Nations Educational, Scientific and Cultural Organization，简称联合国教科文组织（UNESCO）），是联合国专门机构之一。该组织于1946年11月4日成立，总部设在法国巴黎。其宗旨是促进教育、科学及文化方面的国际合作，以利于各国人民之间的相互了解，维护世界和平。它所提倡的各种教育理念和项目，是在国际教育、人权教育、环境教育、和平教育等语境中选择主题的。提倡这些教育的目的在于从人权、民主主义、对他人的尊重等视角出发，培养出作为社会成员的公民。联合国教科文组织所积极推行的教育也属于公民教育之范畴。

一、共生教育——《学习：财富蕴藏其中》

国际21世纪教育委员会由联合国总会提议，由联合国教科文组织于1993年设立，目的在于探索21世纪的教育和学习方向。欧共体（欧洲煤钢共同体、欧洲原子能共同体和欧洲经济共同体的总称，又称欧洲共同市场，简称欧共体）委员会主席雅克·德洛尔为总负责人，召集文化背景和专业领域各不相同的14位专家自1993年开始反复讨论，最终于1996年完成报告——《学习：财富蕴藏其中》，提出未来社会在三个方面将产生巨大变化：

（1）全球化将进一步发展，人们的生活与国际社会动态紧密相连，教育应该有助于人们理解和包容差异，共同承担未来并加强连带意识。

（2）连接人与人的社会纽带将产生巨大变化，过去凝聚人们的国民、民主主义概念本身受到动摇，在未来社会有必要建设以参与型民主主义为基础的、新的公民社会，培养积极参与民主过程的公民。

(3) 发展模式将被重建，必须脱离生产至上主义的发展模式，创建兼顾伦理、文化、环境因素的发展模式和人的发展模式。

在上述基本认识的基础上，委员会提出 21 世纪需要的四大教育、学习原则：

学会了解：学习怎样获得知识、怎样学习而不只是学习知识；

学会做事：学习与实践相结合；

学会与人相处：理解他人，为共同目标而一起工作；

学会生存：作为个人和社会之一员发展自己的人格，成为全面发展的人。

报告建议，为实现上述教育理念，各国积极推进终身学习，将终身学习作为打开 21 世纪大门的钥匙。另外，共生、参与民主及培养这些素质的教育和学习不应只在学校公民教育和民主主义教育中进行，在家庭和社会群体中也应充分体现出这些教育特征。

二、20 世纪 90 年代的公民教育

冷战的终结及 20 世纪 80 年代后半期的世界各国的民主文化活动推动了世界各国对和平、人权、民主主义教育的讨论，公民教育被纳入人权教育框架内。

1993 年 3 月在蒙特利尔召开的国际会议上，联合国教科文组织通过了《为了人权与民主主义教育的世界行动计划》（下称《行动计划》），将教育内容设定为宽容、对他者的尊重、连带意识、作为公民参与社会的态度、为相互理解与尊重的学习、为构建和平文化的学习等。

自 1996 年开始，联合国启动“联合国人权教育 10 年（‘1995—2004’项目）”，目的在于在世界各地部分教育阶段普及人权教育。为配合联合国的相关活动，联合国教科文组织在 1994 年 10 月的国际教育会议中通过了《和平、人权、民主主义的教育宣言》，指出有必要在学校乃至国际层面的教育课程中实施真正的公民教育，着重培养包括世界连带意识、创造性、公民责任等在内的公民价值和能力，以及非暴力解决问题的能力和批判、洞察事务的能力。

三、21 世纪的公民教育

联合国教科文组织颁布的《21 世纪的公民教育》认为，人权与公民权相

辅相成，无法分割，任何人都是个人的同时也是所属社会的公民。联合国教科文组织定位的公民教育具有多重性，即从国家这一特殊领域扩展到国际的普遍领域，所有人都同时兼有所属国家、社区、世界之公民的特性。主张公民教育不仅是关于权利的公民教育，同时也是对社会成员的伦理、道德教育，要在学校生活中贯穿、渗透民主主义文化，并促进学生之间、学生和教师之间的平等对话，注重培养实现对话的基础能力，即独立思考、倾听、适当讨论的能力，异文化间对话的能力等。

联合国教科文组织关于公民教育的理念，成为1995年开始实施的“联合国人权教育10年”活动及其《综合行动纲领》的指针，也成为各国政府和相关团体评价公民教育的标准和尺度。它跨越特定国家公民权、公民性的限制，提倡新的公民权，其概念不同于一元的公民性，是多元的且是多层次的公民性，终极目的在于培养全球公民主义的权利、义务意识及其相关素质。

对联合国公民教育的理念以及教育模式也存在诸多批判和质疑。例如它推行的公民教育是在人权教育框架内进行的，忽略了其他视角；普遍的、人类的、全球的价值和各个国家和地区的价值（包括文化传统、政治体制、国家利益等）之间无法调和；建构适应21世纪的新的公民形象，应考虑与地球的共生、与未来一代的共生，形成包括与环境共生的、更加广义的公民教育概念。

第二节　欧洲理事会的公民教育

欧洲理事会（The European Council）成立于1975年，又称欧盟首脑会议或欧盟峰会，是欧盟最高决策机构。根据1993年的《马斯特里赫特条约》，欧盟各国相互承认彼此的“欧洲公民权”，包括欧盟境内人的自由移动和就业权、自由的地方参政权。以此为契机，欧洲开始作为现实问题讨论跨越国境的公民权联合问题。欧洲理事会（Council of Europ）认识到“公民教育”的重要性，于1997年决定实施“民主公民教育”（Education for Democratic Citizenship，EDC），并于2002年向会员国建议实施EDC。近年欧洲的公民教育特征是进行超越国家的合作共同发展公民教育。

一、EDC中的公民性概念

欧洲理事会编撰的《民主公民教育用语汇编》将公民视为不受国籍限制，

在社会中共生的人群，将“居住地”作为欧洲公民权的来源而不是出身国家。欧洲理事会所构想的公民性不拘泥于民族国家框架，与过去的公民教育存在本质上的区别。因此，不包括爱国主义教育。

二、EDC 的内容

欧洲理事会认为多数国家的公民教育（Civic Education）是以公民和政治制度（宪法和政党、投票、法律）为教育内容的，是被动的教育。今天，欧洲各国共同面临的环境、跨境人口流动、民族间冲突、国家主义、政治遭到怀疑等问题，迫切需要能够积极应对这些问题的、具有行动能力和责任心的新公民，因此

EDC 的学习内容主要有：

（1）知识内容：人权、自由，民主主义、公民、全球化；

（2）技能内容：批判性思考能力、创造能力、评价能力、探究能力、合逻辑地解释事物的能力、参与能力、合作能力、协调能力、交流能力、预防和解决冲突能力、政治活动能力；

（3）态度内容：遵守人权公约；对自由的理解；坚持正义、平等与公正的理念；建设性地解决社会问题；对公民行动遵守民主程序；对其他文化及其人类贡献的尊重，对生活中的多元主义的承诺；相互理解、合作、信赖，反对人种歧视，反对偏见与歧视；对个人责任与问责重要性的承认；完善以社会、环境、经济平衡发展为基础的、可持续的人权发展公约。

三、评价 EDC

EDC 的对象和内容极为广泛，学习主题包括诸如公民教育、和平教育、异文化教育、人权教育等基本领域，其公民教育的主要目的是培养公民解决跨越国境的各种问题。从全球化、多元主义、多样性中的平等这些角度看，EDC 比过去民族、国家框架内的公民教育具有更为广阔的视野。但是，由于 EDC 项目的实施本身不具有强制性，各国导入 EDC 的方式各式各样，效果不一。主要问题聚焦在怎样把欧洲理事会批判的传统的公民教育部分（如爱国主义教育）与 EDC 所追求的新目标连接起来，怎样在国际组织影响下跨越国家框架，就共同公民性问题达成共识等。

参考文献

[1] 梁启超．国民十大元气论．饮冰室合集（第一册）·文集之三［C］．北京：中华书局，1989.

[2] 中华基督教青年会全国协会公民教育委员会．公民教育与国货展览［M］．上海：青年协会书局，1926.

[3]［希］亚里士多德．政治学［M］．吴寿彭，译．北京：商务印书馆，1983.

[4]［德］康德．历史理性批判文集［M］．何非武，译．北京：商务印书馆，1996.

[5]［英］布莱恩·特纳．公民身份与社会理论［M］．郭忠华，等，译．长春：吉林出版社．2007.

[6] 徐国庆．职业教育原理［M］．上海：上海教育出版社，2007.

[7]［美］杜威．民主主义与教育［M］．王承绪，译．北京：人民教育出版社，1990.

[8] 米静．中国职业教育史研究［M］．上海：上海教育出版社，2009.

[9]［英］琳达·克拉克，克里斯托弗·温奇．职业教育：国际策略、发展与制度［M］．翟海魂，译．北京：外语教学与研究出版社，2011.

[10] 费利克斯·劳耐尔，赵志群．职业能力与职业能力测评［M］．北京：清华大学出版社，2010.

[11] 吕乃基，等．科学文化与中国现代化［M］．合肥：安徽教育出版社，1993.

[12] 檀传宝．公民教育引论：国际经验、历史变迁与中国公民教育的选择［M］．北京：人民教育出版社，2011.

[13] 赵志群．职业教育与培训学习新概念［M］．北京：科学出版社，2003.

[14] 邓泽民，王宽．四大职教模式［M］．北京：中国铁道出版社，2006.

[15]［日］岭井明子．全球化时代的公民教育［M］．姜英敏，编·译．广州：广东教育出版社，2012.

[16] 杜君立．历史的细节［M］．上海：三联书店，2013.

[17]［美］斯塔夫里阿诺斯．全球通史［M］．董书慧，等，译．北京：北京

大学出版社，2005.

[18] ［美］雅瑟·亨·史密斯．中国人的性格［M］．李明良，译．西安：陕西师范大学出版社，2010.

[19] ［美］霍华德·加德纳．奔向未来的人［M］．胡雍丰，杨娟，译．北京：商务印书馆，2010.

[20] 联合国教科文组织国际21世纪教育委员会．学习：财富蕴藏其中［M］．北京：教育科学出版社，1996.

[21] 瞿葆奎．美国教育改革［M］．北京：人民教育出版社，1990.

[22] 顾明远．教育大辞典（第3卷）［M］．上海：上海教育出版社，1991.

[23] 中国大百科全书·教育（第3卷）［M］．北京：中国大百科全书出版社，1985.

[24] 蔡元培．对于新教育之意见［J］．教育杂志，1912（03）：2.

[25] 天民．公民教育问题［J］．教育杂志，1913，5（10）.

[26] 王文岚，黄甫全．我国公民教育课程发展的回顾与展望［J］．学术研究，2008（11）：145－151.

[27] 李芳．改革开放以来中国公民教育问题研究路径综述［J］．理论学刊，2006（03）：122－124.

[28] 王颖．当代中国公民教育历史性复兴的现实反思［J］．教育理论与实践，2003（02）：7－11.

[29] 张宁娟．建国（注：准确说法应为“新中国成立”）以来我国公民教育的发展脉络［J］．思想理论教育，2010（05）：39－44.

[30] 吴威威．公民责任：逻辑前提与政治确证［J］．唐都学刊，2011（01）：22－26.

[31] 黄崴，黄晓婷．近十年公民教育研究的回顾与展望［J］．清华大学教育研究，2009（01）：110－118.

[32] 贾晓莉．新职业主义产生的背景及其理论框架［J］．职教论坛，2008（05）：57－58.

[33] 赵红军．职业教育功能研究综述［J］．现代教育，2014，Z3：5－6.

[34] 李德方．促进人的全面发展——职业教育功能研究［J］．职教论坛，2012（04）：22－27.

[35] 童学敏．关于高等职业教育功能定位的思考［J］．中国高教研究，2008，（10）：68－69.

[36] 石志勇，江珂珂．我国职业教育功能的历史演绎［J］．河南职业技术师范学院学报（职业教育版），2008（05）：11－13.

[37] 唐智彬，欧阳河．职业教育基本问题：人与职业关系［J］．职教论坛，

2005（10）：7－10.

［38］焦敏．论乔治·凯兴斯泰纳公民教育思想及启示［J］．教育教学论坛，2014，23：147－148.

［39］马立志．凯兴斯泰纳公民教育思想浅析［J］．科学大众：科学教育版，2012（05）：145.

［40］荣莉．高职教育中开展公民主题教育的合理性［J］．长春教育学院学报，2014（20）：126－127.

［41］赵克荣．论人的现代化与人的社会化［J］．社会科学研究，2001（01）：97－99.

［42］庄丽丽．在职业教育中实施公民教育的思考［J］．职业教育研究，2009（05）：20－22.

［43］秦树理．强化公民教育是高等院校重要的现实任务［J］．中州学刊，2005（05）：118－122.

［44］何中华．现代性·全球化·全球性问题［J］．哲学研究，2000（11）：17－23.

［45］王啸，邹丕振．“现代性”的教育学话语：在全球化与本土化之间［J］．江苏大学学报：高教研究版，2004（01）：16－21.

［46］叶飞．学校公民教育的组织困境：基于公共性匮乏的分析［J］．华东师范大学学报：教育科学版，2013（03）：25－32.

［47］刘莉．高职院校公民教育的缺位及路径构建［J］．科技通报，2014（05）：239－242.

［48］秦裕武，邹连方．高职学生公民素质现状调查研究——以长株潭地区为例［J］．职业教育研究，2012（08）：26－27.

［49］张文．高职高专学生公民素质状况的调查与分析——以河源职业技术学院为例［J］．江苏师范大学学报：教育科学版，2013，S4：1－3.

［50］荣莉，胡利胜．泰州职业技术学院二年级学生公民素质状况调查分析［J］．河南科技学院学报，2015（02）：45－49

［51］施雪华，黄建洪．公共理性：不是什么和是什么［J］．学习与探索，2008（02）：60－67.

［52］胡艳蓓．现代化进程中的公民与公民教育［J］．教育评论，2008（02）：72－75.

［53］黄堂芳．关于高职生的角色定位与责任意识的培养的探讨．成功：教育，2013（08）：104－105.

［54］周世厚，岳进．美国高校学生校政参与的历史演进［J］．外国教育研

究，2013（02）：88－97.
[55] 陈晓萍．论高职院校公民教育的重要性及其对策［J］．教育与职业，2007（17）：91－92.
[56] 李治德．论公民教育内容的理论框架［J］．郑州大学学报：哲学社会科学版，2005，38（04）：21－24.
[57] 王世伟．试析社会行动取向公民教育课程的特色［J］．全球教育展望，2011，40（11）：90－96.
[58] 王正明，范玉芳．对实践教育内涵的认识与思考［J］．中国大学教学，2014（02）：68－71.
[59] 陈晓萍．论高职院校公民教育的重要性及其对策［J］．教育与职业，2007，17：91－92.
[60] 刘和忠，乌兰．英国公民教育发展分析及启示［J］．社会科学战线，2008（03）：258－261.
[61] 蒋一之．英国公民教育的历史变革与现状分析［J］．外国教育研究，2003（11）：37－41.
[62] 靳怡．德国公民教育的历史进程及其实现途径［J］．合作经济与科技，2013（13）：118－119.
[63] 谢冯浩，梁瑶．浅析新加坡公民教育对我国的启示［J］．学理论，2013（30）：388－389.
[64] 孙梓毓．德国的公民教育及对我国的启示［J］．成功（教育版），2013（04）：8－9.
[65] 孙玉红，陈二林．西方“公民”概念演变的历史考察——基于个人与国家关系的维度［J］．人民论坛，2013（23）：189－191.
[66] 王广辉．公民概念的内涵及其意义［J］．河南省政法管理干部学院学报，2008（01）：88－94，91－93.
[67] 姬振旗．公民教育概念辨析［J］．河北法学，2008（01）：59－61.
[68] 周国文．公民概念的历史维度及审视［J］．天府新论，2007（02）：33－36.
[69] 李春雨．俄罗斯社会变迁中公民教育观的变换［D］．南开大学，2014.
[70] 肖雯．1865－1939年美国公民教育发展的历史研究［D］．河北大学，2010.
[71] 康夏飞．二战以来美国公民教育演变与发展［D］．西北师范大学，2011.
[72] 李林．新加坡公民教育研究与启示［D］．太原科技大学，2010.